復活小百科
認識摧毀死亡的耶穌
Resurrection

死亡破壞一切，耶穌復活不僅征服死亡，
更帶領世人重得豐盛的生命。

作者／瞿海良

啟示出版
Apocalypse Press

復活小百科
Resurrection
認識摧毀死亡的耶穌

作者／瞿海良

啟示
Apocalypse Press
出版

序一

耶穌等很久了！

　　認識海良是 2008 年。他遞出的履歷簡介相當耀眼。在台灣大學取得人類學學位，在知名的漢聲雜誌社擔任過主編，參與過《漢聲小百科》的製作，此外，還有許多撰稿與編輯工作、以及考古的學術研究。有這樣的人來應徵宇宙光的編輯，我心中自然是歡喜不置。然而更讓我歡喜動心的，是他談到他的生命信仰經驗。知道他曾是一個苦思焦慮尋覓生命價值意義、深入探討中國歷史文化、傳統宗教信仰的當代知識分子，但卻一直在人生的戰場上徘徊躊躇、深覺前途茫茫不知何去何從？

　　「那時我一直站在人生戰場的十字路口，焦慮徬徨，找不到人生的終極目標。」他坐在我對面向我說：「我每天忙來忙去、東奔西跑，但為何奔跑？為何忙碌？卻一直找不到答案。」

　　為了填補心靈的失落空洞，他也曾在追求物質享樂的深淵大海中浮沉起伏，但生命意義何在？人活著眼看著一分一秒、一時一刻、一天一月一年如飛而去，生命究竟是什麼？苦心追求卻始終抓不住、如飛而去的時光究竟是什麼？

　　這些問題一直反覆叩問著海良敏銳跳動的心靈。「在那一段人生旅程中非常寶貴的青壯時期，我除了拚命追求眼前的吃、喝、玩、樂之外，剩下的只是越來越多的卡債，再也找不到任何答案，更找不到任何東西，可以填滿生命中越來越不能填滿的虛空。

　　「不過感謝上帝，三年前我竟然接受了主耶穌的尋

找拯救，成為一個我多年來一直排斥拒絕的基督徒。這
兩年來，我每天早上與曾紀鴻牧師一同查經，思考上帝
的話語，重新面對生命中與生俱來、源源不絕的意義與
價值的渴慕追求。《宇宙光雜誌》正是一份『探索生命
意義、分享生命經驗』的刊物，所以我便毫不猶豫地前
來應徵了。」

　　就這樣從來互不認識的海良進入了宇宙光，十二年
來，除了在宇宙光忙於編輯、行銷、擔任書籍主編、雜
誌主編、專題計畫案的推動外，他更在其他不同的社群
團體中以義工身分、興趣勃勃地全心加入，服務眾人。
上帝也特別賜福給他，在 2006 年與文君成立愛的小家，
分享生命信息給朋友家人，每天奔來跑去，卻始終興致
勃勃，忙得不亦樂乎。

　　認識海良十二年來，我們一直是相互支援、彼此打
氣加油的夥伴。看到他的生命品質，正如聖經所說：耶
穌來到世間的目的就是叫人得到「更豐盛的生命」（約
十：10），成為一個「在基督裡，新造的人，舊事已過，
都變成新的了。」（林後五：17）我心中的快樂感恩，
自難以言語形容。

　　從 2008 年海良進入宇宙光以後，我們成為密切配合
的夥伴同工，從編輯發想、內容鋪陳、文辭修飾、版面
呈現，大家都能直言不諱、交換意見。2014 年我們決定
出版《宇宙光復活節專刊》，大家興高采烈、高談闊論
一番以後，與會者人人都同意復活節信息對基督信仰的
確具有獨特的重要性，可惜卻一直被社會、甚至教會完
全忽視，必須加強報導宣示。但茲事體大，誰也不敢冒
然承擔如此重責大任，最後當然是海良責任承擔。於是
從 2014 年復活節開始直到 2020 年，宇宙光每年都出版
一期特別為當代人製作編印的復活節專刊，篇目如下：

　　2014 年：《復活之路》

2015 年：《絕望、復活、盼望》

2016 年：《行走苦路》

2017 年：《十字架，復活的源頭》

2018 年：《從癮中復活》

2019 年：《耶穌復活，與我何干？》

2020 年：《人與物──全人復活的起點》

2021 年的復活節專刊主題是《復活之後》，海良也正在密鑼緊鼓地進行中，敬請期待。

「感謝上帝！讓我連續八年負責復活節專刊的編輯出版推廣工作，」海良帶著滿臉的笑容對我說：「越深入了解耶穌死而復活的信息，就越確定復活的信息的確是聖經中最重要的信息。也是當今世人最需要的信息。對『立志為善由得我，只是行出來由不得我』（羅七：18～19）、『你們死在過犯罪惡之中，他叫你們活過來』（弗二：1）而言，沒有什麼信息比勝過死亡拘禁、享有復活得勝的新生命更重要、更令人喜樂滿足的了。」

「經過這麼多年的尋覓追求、研究思考、查經禱告，」海良滿臉興奮地對我說：「我發現我的生命有了奇妙的改變，那位復活的主耶穌不僅活在過去歷史的記載中，祂也活在今天、活在永恆的存在中，活在每一顆願意打開心門迎接主耶穌復活的生命入駐的心靈之中。」

他拿出一大疊手稿擺在我凌亂不堪的桌面上。「這是我最近花了不少時間精力編寫的一本有關耶穌復活的圖文書。」海良對我說：「這些年來，耶穌基督復活得勝的生命信仰，對我的生命生活實在產生了太大、太奇妙的影響。希望藉著這本書，能讓更多人也同樣認識這位賜給人更豐盛生命、令人復活重生的主耶穌。」

我迫不及待地打開書稿，一口氣讀了三遍。果然是老編出手，面對繁複多元的文獻資料，海良卻能縱橫其

間，以他多年投身考古歷史研究的慧眼筆觸，把這件流傳了近兩千耶穌復活的歷史事件，文簡意賅、條理清晰、敘事精簡明確的陳述出來，實在令人佩服。除了文字以外，他又精選歷代名畫藝術品，配合文字刊出，尤為難得。當然編選這些藝術品，也是一件耗費精力的重大工程，值得我們特別敬禮致意。

承蒙海良特別邀我為他這本書寫序推介，爰述與海良相交相知過程，一切均有上帝帶領賜福。但願賜生命復活的救主也與每一位讀到這本書的讀者同在，享有每日不同、新而又新的復活新生命。你讀到的不僅是一本物超所值的好書，更是一份生命的震撼與悸動。

還有什麼好猶豫等待的，打開來讀吧！

耶穌已經在那兒等了很久了！

是為序。

林治平

2021，元旦

序二

陪伴與期待的心情

　　我讀《復活小百科》原稿，一開始就被第一章〈復活之路〉和第五章〈十字架〉吸引住，幾乎是一口氣就讀完了。耶穌復活後向信眾和門徒「顯現」了十二次，不是重複出現十二次，而是像一幕一幕演變的戲在敘說復活的故事；一個原是滿是羞辱和血腥的恐怖刑具十字架，最後變成了人類最神聖而遍及全球的象徵標記。

　　海良這部「復活」的「小百科」可讀性很高，全書具有故事性、藝術性，甚至有點學術性。這些特性其實幾乎就是《漢聲小百科》標榜的編輯精神。海良年輕時參與漢聲小百科的編寫，他這部《復活小百科》基本上都在體現和實踐《漢聲小百科》的核心理念和精神。《復活小百科》就在用本土的文字，將世界頂尖的繪畫串連起來，以虔誠敬重神的真心，結合了基督宗教根本信念、世上最佳的宗教藝術和嚴密的論述，幫助華人基督徒，乃至更多的非基督徒，了解耶穌基督復活的意義。

　　全書有六章，第一章〈復活之路〉和第五章〈十字架〉是前後呼應的兩大主題，第二章〈耶穌最後一週〉在補述復活的前一幕重要劇情，第三章〈受難〉則在彰顯復活的基督教核心精神，第四章〈聖經中的復活〉則提示耶穌的復活不是唯一的，是有延續的。

　　《復活小百科》有近 200 張名畫搭配全文，增添了全書的宗教和藝術氣息。凝視每一張刻劃受難與復活的繪畫都會被深深地感動。現在很容易從網上搜集到畫素極高的歷代有關復活的名畫，但還真要花費極多時間和

精力，才能收集到如此大量而接近齊全的有關復活六大主題的畫作。

　　讀《復活小百科》，直接感受到一個篤信虔誠基督徒傳播福音的熱心。海良近五十歲才接受基督教信仰皈依成為基督徒，但一開始，他有兩年跟曾紀鴻牧師天天研讀聖經，也動念想去讀神學院。後來到宇宙光擔任編輯，經常編輯基督教歷史和節日專輯，近幾年，又常受邀到基隆一間教會講道，同時，擔任大學基督徒教授組成的信望愛社的祕書長。自然而然地，海良成了一個基督教的傳播者。

　　海良大學未畢業就到漢聲雜誌社從事編輯工作，接受漢聲嚴格的訓練，習得紮實的編輯技能，後擔任原住民雜誌總編輯，最後到宇宙光做編輯。在長期的編輯工作中，海良常常發揮大學實地考古調研和歷史專修的專長，他習慣從事實地採訪和田野調查來搜集雜誌專輯的資料。在宇宙光擔任編輯就有台灣早期基督教史專輯的出版。也因此，海良在半退休的狀況下，就全力投入基督教小百科系列的編著工作，《復活小百科》是他完成的第一本專輯。 身為一路陪伴海良的兄長，對他出版這本書，我不僅感到高興，更有一份深深的期待。

2020 年 11 月 19 日

序三

你們來看——復活的見證

「看哪，神的羔羊！」（約翰福音 一：29）

「看哪，猶大支派中的獅子！」（啟示錄 五：5）

「你們來看安放主的地方！」（馬太福音二十八：6）

眼目的聚焦，常常是一個強烈指令和導引的結果，聖經多次出現「看哪！」的用詞，似乎表明了視覺分辨的重要性。因此圖像性的敘述其實佔了聖經極大的篇幅。山野海濱、花鳥草木、帳幕殿堂、人物行誼，都不乏細膩的著墨，使讀經者如入其境，如見其人。而歷代的藝術家也由此觸發豐富的想像，將聖經人事物化身在一幅幅畫作上，躍然顯影。經典內容不再只是抽象境界，而是可親之近之、歷歷在目的具象活畫。

耶穌受難和復活，是基督教信仰的核心，為此相關的畫作蔚為大觀，多不勝數。《復活小百科》由歷代上千畫作裡選輯近兩百幅，鮮明呈現「復活」的精義和動人歷程，是華文出版物中難得一見的佳構。海良兄以厚實的學養和編輯功底，專力深入思索編寫。據聞，他是手足並用的完成此書，燈下雙手編纂，暗室雙膝跪禱，憑敬虔靈明之心，以抵終卷。閱覽本書不單是深入宗教的知識庫，更是信仰默想的靈性之旅，那源自聖經題材的畫作，喚起我們對曾經發生的神聖事件和經歷，再次回眸並深深感動。

死亡是宇宙最暴虐的幽暗力量，千古以來它啃噬無數生命，橫行萬物之中，藉著斷絕、腐朽，帶進恐懼和

絕望。各各他山上的十字架，是耶穌親嘗死亡和戰勝死亡之處，祂在那裡終結了亞當以降，人類無法脫逃的絕望命運。

「說了這話，就把手和肋旁指給他們看。門徒看見主就喜樂了！」（約翰福音二十：20）

復活，是對死亡震撼性的逆襲和終極超越。耶穌復活在受難之後的第三天，一個春天的黎明。曙光伴隨祂，帶進偉大新造的序幕。復活的臨到，使所有黑暗的壓制消失了。

靈魂甦醒，耶穌的跟隨者也必在所有生命的暗夜之後，經歷逆轉，迎向再起的榮耀。

「你看我們！」（使徒行傳三：4）使徒彼得面對求助的瘸者，篤定要求那人注視自己。奇蹟瞬間發生，那人躍然起身。這是一個雙重的見證，他們先後經歷屬天沛然的能力，彼得看見復活的主，瘸者看見回轉的彼得。

原來，相遇和凝望可以是生命逆轉的開始。

你們來看吧！

（牧師／傳播人）

序四

默觀的最好媒介

在資訊爆炸、新媒體、網路社群平台、網際網路、影音匯流的時代，在人際溝通方式和生活習慣改變、人際關係似近又遠，對事務和世界的真實虛擬真相難解難分的時代，我受邀為這本難得的著作寫序，是我的榮幸。

謹以一位天主教耶穌會會士及神父，對自己信仰的了解，以傳播福音、靈修經驗分享的角度和觀點，推薦這本文圖並茂、內容豐富、內涵深遠、有意義又有價值的《復活小百科》。

基督徒的信仰是三位一體（聖父、聖子、聖神〔聖靈〕）的唯一真神。對耶穌基督復活的信仰，是我們生活的基礎與核心。因為復活的信仰是相信天父藉著基督的苦難、聖死、復活救贖人類，為人類帶來無罪和永遠幸福的生命；這也是基督信徒生活、生存、福傳的動機及使命的根源。

聖父

我們的天父創造天地萬物。全能仁慈的天父「竟這樣的愛了世界，甚至賜下了自己的獨生子，使凡信他的人不至喪亡，反而獲得永生。因為天父沒有派遣子到世界上來，審判世界，而是為叫世界藉著他而得救。」（若望福音三：16～17，約翰福音）

聖子

耶穌復活升天前對宗徒們說：「你們往普天下去，

向一切受造物宣傳福音，信而受洗的，必要得救；不信的，必被判罪。」主耶穌給他們說了這些話以後，就被接升天，坐在天主的右邊（馬爾谷福音十六：15～16、19，馬可福音）。十一個門徒就往加里肋亞（加利利），在耶穌給他們所指定的山上去了。他們一看見了耶穌，就朝拜了他，雖然有人還心中疑惑。耶穌便上前對他們說：「天上地下的一切權柄都交給了我，所以你們要去使萬民成為門徒，因父及子及聖神之名給他們授洗。教訓他們遵守我所吩咐你們的一切。看！我同你們天天在一起，直到今世的終結。」（瑪竇福音二十八：16～20，馬太福音）

聖神

聖神（聖靈）是上主的「恩惠」、是恩寵之神，也是上天的「護衛者」。他是聖父、聖子所派遣的（若望福音十四：26、十五26、迦拉達書四：6，加拉太書）。上主的話確實是生活的，是有效力的，比各種雙刃的劍還銳利，直穿入靈魂和神魂，關節與骨隨的分離點，且可辨別心中的感覺與思念（希伯來人書四：12，希伯來書）。

＊

我們既然有一位偉大的、進入了諸天的大司祭——耶穌基督，我們就該堅持所信奉的真道，因為我們所有的，不是一位不能同情我們弱點的大司祭，而是在各方面與我們相似，受過試探的，只是沒有罪過。所以我們要懷著依恃之心，走近恩寵的寶座，以獲得仁慈，尋到恩寵，作及時的扶助（希伯來人書四：14～16）。

天主教耶穌會會祖依納爵・羅耀拉與天主來往的

經驗，記載於《神操》，總是叫我們從外在的眼、耳、鼻和口，每天所看到的、聽到及所經驗到的，做內心深度的反思，運用內在的五官：記憶、想像、推理、判斷、整合的能力，面對自我的弱點、甚至罪與惡，同時探索及肯定上天所賜給的才華能力，並將所學貢獻於社會和家庭。在人生成長的過程中，體會上主的仁慈、憐憫、救贖，「做一個行動中的默觀者，在一切事上找到天主。」

《復活小百科》的藝術畫作及文字說明，就是我們會士自己或帶領他人做「默觀、默想」的最好媒介。這本書幫助我們透過圖像，進入主耶穌及我們自己生活的時空、場域，深度的認識自己，也認識、了解耶穌、進而喜歡耶穌跟隨耶穌。

人性受罪的影響，所謂根本的惡，如傲慢、嫉妒、懶惰、憤怒、貪婪、爆食、色慾，靠聖神（聖靈）七恩「上智、聰敏、超見、剛毅、明達、孝愛、敬愛上主」的協助，和自我的努力，修成為謙虛、寬容、勤勉、耐心、慷慨、節制、貞潔，在主內更完善的人。

書中的圖像與聖經文字，是「強有力，能分辨心中的感覺與思念」與我們人性的生活，幫助我們基督徒因皈依基督成為神的兒女，分享神的生命，對自我有所要求，為福傳、為基督作更好的見證。

（輔仁大學影視傳播學系全人教育中心兼任副教授）

作者序

遙遠的基因

2014 年，宇宙光總幹事林治平林哥，召開編輯會議，提出宇宙光雜誌製作復活節專刊的構想。身為主編，理所當然的承擔責任，經歷許多艱難，終於完成了，華人第一本復活節專刊於焉誕生，當期主題就是「復活之路」。整個過程一如戴德生（James Hudson Taylor，1832～1905 年）的名言：「不可能」、「困難重重」、「成了」。

然而，專刊雖然出版了，我心深知，可以，也應該要做得更好，因此有了寫這本書的心願。若說《復活小百科》經歷八年的思索與規劃，真的不是誑語。而若非靠著安靜禱告，我不可能完成這個任務。書寫時，我竟彷彿走在以馬忤斯，加利利湖，還有大馬色的道路上，兩千年前耶穌的教導與長闊高深的饒恕與愛，我竟得以品嘗些許。

有四句話影響我一生，可以說是《復活小百科》遙遠的基因。

高中時期，喜看閒書雜書，課業不堪入目，二哥海源在一個深夜語重心長對我說：「阿良，讀書讀不死人的，一定要讀出 Insight，你才能『品』出讀書的滋味。」這句話，開啟了我閱讀的眼光。

二十七歲時，我幸運考進「漢聲雜誌」，年少懵懂，嬉鬧無度，一個陽光明亮刺眼的午後，總編輯吳美雲女士把我叫進辦公室，拿著我寫的稿子，極其嚴肅的告訴我：「阿瞿，你一定要做個好編輯，這世界不需要多一

本爛書。」這句話,帶領我進入了編輯的世界。

2007 年,受洗一年左右,我有幸跟隨恩友堂曾紀鴻牧師晨更查經,自高自傲,自以為是,一個微風和煦的清晨,曾牧師藹然和氣的提醒我:「海良,讀經不是讓你『秀』知識與查資料的能耐,而是要讀出耶穌的愛。」牧師翻開聖經,帶著我讀〈哥林多前書〉十四章一節:「你們要追求愛,也要切慕屬靈的恩賜,其中更要羨慕的,是作先知講道。」這段話,幫助我走入了《聖經》的天地。

2008 年,我奇蹟似的進入「宇宙光」,宇宙光的「家訓」是一定要能記誦的。一個清亮的的早晨,晨更前,總幹事林哥微笑著帶領我背〈哥林多前書〉九章 23 節:「凡我所行的,都是為福音的緣故,為要與人同得這福音的好處。」

短短一節經文,何難之有?但直到 12 年之後,開始寫《復活小百科》,九月一個清晨,我站在陽台遠眺,思索著全書布局,一個聲音突然響起:「你是真心為我而做的嗎?你有把最好的獻給我嗎?」霎時間,全身冷汗淋漓,卻心中喜樂,原來「凡我所行的。」這句話真的好難,我足足背了 12 年才懂。

關於本書,有兩點要說明。第一點是:本書採用的《聖經》經文除了嚴任吉神父的序文,餘皆採用中文和合本新標點版。第二點是:本書每一章都設計了「圖錄」。兩千多年來,無數傑出畫家竭盡心血,以不同的觀點、風格、領受,從各個面向描繪與詮釋耶穌的復活,留下數量龐大的經典,這是人類文明規模最大最珍貴的遺產。我全力收集能夠取得的作品,製作成六章的圖錄,這樣,閱讀本書不僅可以認識復活的耶穌,也能看見人類文明與藝術的巔峰。

書到寫序時,感恩的心最是強烈。感謝漢聲的打磨、

感謝宇宙光的操練；感謝毛恩賜牧師的審稿，感謝林哥、二哥海源、楚雲牧師和嚴任吉神父賜序；感謝漢聲老同事小豪、美玲亢儷承擔美編重擔，感謝之雲精細的校稿，感謝啟示出版彭之琬總編輯的慷慨與大度。最要感謝的是所有家人，尤其是文君、小牛和小豬，這兩年多的忍耐、包容與陪伴。

感謝耶穌使用我這個卑微的僕人，感謝耶穌帶我走上「復活之路」。

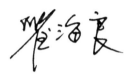

目 錄

第一章 復活之路

第二章 耶穌最後一週

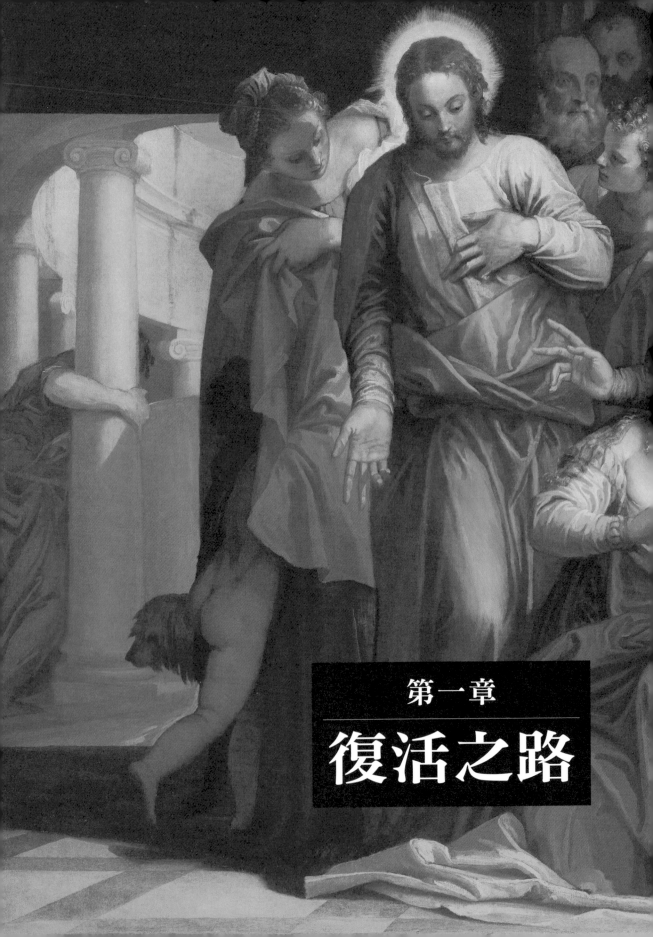

第一章

復活之路

復活是基督信仰的根基；耶穌在十字架上受難的最後一句話：「成了！」

「成了！」包含了受難與復活，兩者缺一，都不是「成了！」

復活的重要性不可言喻，因為耶穌復活，才有福音、才有聖經、才有教會，人類的生命也才有了改變。

但不論是不是基督徒，一般人熟悉的是耶穌的受難，例如兩千多年來在耶路撒冷一直都有著十四站朝聖的「苦路」。相對而言，耶穌基督的「復活之路」，顯然是被忽視了。

因此，詳細記錄與書寫耶穌的「復活之路」，是極重要的大事。

耶穌復活後，在 40 天內，總共向世人顯現了 12 次。

耶穌復活之路總表

次序	事件	重要經文
第一次	向抹大拉的馬利亞顯現。	約二十：15～16
第二次	向眾婦女顯現。	太二十八：8～10
第三次	向彼得顯現。	路二十四：33～34
第四次	以馬忤斯路上向兩門徒顯現。	路二十四：13～35
第五次	耶路撒冷向門徒顯現，多馬不在。	約二十：24～25
第六次	特別為多馬顯現。	約二十：26～29
第七次	加利利海邊向七門徒顯現。	約二十一：1～14
第八次	加利利某山（他泊山）向十一使徒顯現。	太二十八：16～20
第九次	橄欖山向眾門徒顯現後，升天。	徒一：1～12
第十次	向祂的兄弟雅各顯現。	林前十五：3～8
*聖靈降臨	五旬節聖靈降臨給門徒。	徒二：1～4
第十一次	大馬色路上向保羅顯現。	徒九：1～22
第十二次	拔摩海島向約翰顯現。	啟一：9~18

第一個見證耶穌復活的是抹大拉的馬利亞。
Rembrandt van Rijn, Christ Appearing to Mary Magdalene as a Gardener, 1638

耶穌復活後第一次顯現

地點：耶路撒冷耶穌墳墓外
對象：抹大拉馬利亞

　　第一個見證耶穌復活的人，是抹大拉馬利亞（Mary Magdalene，瑪達肋納馬利亞）。不只如此，耶穌復活顯現的前三次，抹大拉馬利亞都扮演了重要的角色。

編注：為方便讀者閱讀，本書重要的人名與地名在全書第一次出現時，會以基督教、天主教譯名對照的方式呈現，如第一章的抹大拉馬利亞在全書第一次出現時，以「抹大拉馬利亞（Mary Magdalene，瑪達肋納馬利亞）」方式呈現。

抹大拉馬利亞蒙
耶穌驅鬼得醫治，
成為忠心的追隨
者，堪稱典範。
Bernardino Luini,
The Magdalen,
1525

稱呼她為抹大拉馬利亞，是因為她來自抹大拉，這是個位於加利利海（Sea of Galilee，加里肋亞海）西岸中段的城鎮，大約建於主前 1 世紀，是個良好的漁港，漁業發達，曾是加利利海地區最大城市，現在還有遺蹟。

抹大拉馬利亞和耶穌之間有三件重要大事。第一件是她生病得到耶穌的醫治，因此成為耶穌最忠實的

從耶穌進城，到受
難、復活，抹大拉
馬利亞是最堅定的
見證人。
Kerstiaen de
Keuninck（1560-
1632），The Penitent
Mary Magdalene in
the wilderness

信徒。〈路加福音〉八章說：「和他（指耶穌）同去的有十二個門徒，還有被惡鬼所附、被疾病所累、已經治好的幾個婦女，內中有稱為抹大拉的馬利亞（曾有七個鬼從她身上趕出來），又有希律的家宰苦撒的妻子約亞拿，並蘇撒拿，和好些別的婦女，都是用自己的財物供給耶穌和門徒。」

除了耶穌為抹大拉馬利亞趕出七個鬼之外，這段記載還說明了耶穌有眾多婦女信徒，她們非常忠心，對耶穌的宣教工作有很大的幫助，其中有些人也見證了耶穌受難和復活。

抹大拉馬利亞和耶穌之間的第二件大事，是見證了耶穌受難，當門徒四散逃亡，她一直在現場。〈馬太福音（瑪竇福音）〉二十七章說：「有好些婦女在那裡，遠遠地觀看；她們是從加利利跟隨耶穌來服事他的。內中有抹大拉的馬利亞，又有雅各和約西的母親馬利亞，並有西庇太兩個兒子的母親。」

不只見證耶穌受難，抹大拉馬利亞一直陪伴著耶穌母親，直到耶穌遺體被安葬。〈馬太福音〉二十七章說：「約瑟取了身體，用乾淨細麻布裹好，安放在自己的新墳墓裡，就是他鑿在磐石裡的。他又把大石頭滾到墓門口，就去了。有抹大拉的馬利亞和那個馬利亞在那裡，

耶穌被安葬的那一晚，抹大拉的馬利亞於墓穴外守候終夜。
Robert Ekman, Mary Magdalene by the Grave of Christ, 1869

對著墳墓坐著。」

第三件大事，也是最重要的，抹大拉馬利亞是見證耶穌復活的第一人。〈約翰福音（若望福音）〉二十章記載：「馬利亞卻站在墳墓外面哭……就轉過身來，看見耶穌站在那裡，卻不知道是耶穌。耶穌問她說：婦人，為什麼哭？你找誰呢？馬利亞以為是看園的，就對他說：

抹大拉馬利亞的兩個誤會

關於抹大拉馬利亞的故事有兩個誤會。

第一個誤會，是將抹大拉馬利亞與伯大尼馬利亞搞混了。

抹大拉馬利亞是西方美術重要主題，作品既多且精，而描繪她的畫作中，超過五成都有一瓶香膏伴隨，或手提，或置於身旁，儼然這瓶香膏就是她的標誌。如果說抹大拉馬利亞準備了香膏要塗抹耶穌遺體，這是可以成立的。但是很多畫作中，描繪她用香膏塗抹耶穌，並用嘴親吻耶穌的腳，這顯然是錯誤。

《聖經》中婦女獻香膏給耶穌的記載有兩次，一次記載於〈路加福音〉第七章，是一位在迦百農的無名女子；另一次記載於〈約翰福音〉十二章，地點是在伯大尼，主角馬利亞，是拉撒路的姊姊。這兩次事件都與抹大拉馬利亞無關，她不是這兩次用香膏塗抹耶穌，親吻耶穌的女子。

第二個誤會，是長久以來民間傳說，形容抹大拉馬利亞是妓女，是罪人。

這是絕對的錯誤，聖經中完全沒有這樣的記載。這說法源自於公元 591 年，教宗格里高利一世（Gregorius I，約 540～604）在一次講道中，將幾個不同女性的故事與身分，壓縮在抹大拉馬利亞身上，編織出一個不真實的人物。格里高利說，耶穌從她身上驅除的七個鬼，也就是七宗罪。這樣的說法，讓抹大拉馬利亞一千多年來背負了妓女和罪人形象。

公元 1969 年羅馬天主教會才為抹大拉馬利亞徹底平反，確定她見證了耶穌復活，與格里高利一世提到的女性無關。

先生，若是你把他移了去，請告訴我，你把他放在哪裡，我便去取他。耶穌說：馬利亞。馬利亞就轉過來，用希伯來話對他說：拉波尼！（拉波尼就是夫子的意思。）耶穌說：不要摸我，因我還沒有升上去見我的父。」

　　從這三件事，可看出抹大拉馬利亞在耶穌受難與復活整個事件的重要性，也是耶穌第一次顯現的重點。

至於近代許多文學或影視作品描述的抹大拉馬利亞，已經不是誤會，而是刻意的書寫，與真實完全無關。

天使對婦女們說：「為什麼在死人中找活人呢？他不在這裡，已經復活了。」
Annibale Carracci, Holy Women at Christ's Tomb, 1590

不要拉住我

「不要拉住我（Noli me Tangere）。」原是拉丁文，是耶穌復活後，向抹大拉馬利亞説的第三句話。第一句話是：「婦人，為什麼哭？你找誰呢？」；第二句話是耶穌呼喚她：「馬利亞。」，馬利亞隨即認出這是復活的耶穌呼叫她，「馬利亞就轉過來，用希伯來話對他說：拉波尼！（拉波尼就是夫子的意思。）」

耶穌復活是超越人類思想的奧祕，馬利亞雖然相信耶穌

耶穌吩咐抹大拉馬利亞的第一件事，便是去尋找祂的兄弟，告訴他們耶穌復活的訊息。
Giotto di Bondone, Resurrection, 1304

耶穌復活後第二次顯現

地點：耶路撒冷耶穌墳墓外

對象：眾婦女

耶穌復活後第二次的顯現頗有戲劇性，〈馬可福音

曾說的預言，但是她親眼見到耶穌被釘死、埋葬，且守候終夜，她心裡充滿死亡的陰影與悲傷，懷疑耶穌復活也是理所當然。如今，耶穌活生生的站在她面前，復活竟然如此真實，馬利亞心中激盪難以言喻。她想要緊緊拉住耶穌，這時耶穌說：「不要摸我，因我還沒有升上去見我的父。你往我弟兄那裡去，告訴他們說，我要升上去見我的父，也是你們的父，見我的神，也是你們的神。」

耶穌要馬利亞趕緊去通知祂的弟兄，這是交付給她的重大任務，馬利亞也隨即跑去通知門徒。但為什麼說：「不要摸我。」呢？耶穌復活後曾多次讓人摸祂，例如第六次顯現時，耶穌讓門徒多馬（多默）探進祂受傷的肋間；第七次顯現時，耶穌在加利利海邊還與門徒共進早餐。直到第九次在橄欖山升天之前，耶穌復活的肉身與在世時並無差異，並非不能觸摸的，但為什麼說：「不要摸我。」呢？

這是《聖經》翻譯的問題，這句話原文是指纏住或拉住，和合版聖經翻譯成不要「摸」我——和合本的修訂版中，也已經改成「拉住」。因此，當時的情景應該是：欣喜若狂的馬利亞「抓住」復活的主耶穌「不放」，怕再失去祂。而主耶穌要馬利亞放開手，不是拒絕她情感的表達，是要她立刻去做重要的事，「往我弟兄那裡去」，告訴他們耶穌已經復活。

「不要拉住我。」是耶穌復活後所說的第三句話，意義不是在阻止世人表露真情，而在於，見到復活的耶穌固然非常欣喜與歡樂，但更重要的，是耶穌要門徒趕快將這個大好訊息傳給世人。

（馬爾谷福音）〉十六章如此記載：「過了安息日，抹大拉的馬利亞和雅各的母親馬利亞並撒羅米，買了香膏要去膏耶穌的身體……她們進了墳墓，看見一個少年人坐在右邊，穿著白袍，就甚驚恐。那少年人對她們說：不要驚恐！你們尋找那釘十字架的拿撒勒人耶穌，他已經復活了，不在這裡。……她們就出來，從墳墓那裡逃

跑，又發抖又驚奇，什麼也不告訴人，因為她們害怕。」

　　耶穌第二次顯現，有多少婦女見到，《聖經》並沒有詳細說明，綜合福音書記載，可以確定有抹大拉的馬利亞、約亞拿、雅各的母親馬利亞、撒羅米還有與她們在一處的婦女。

　　這些婦女先見到的是天使，然後才見到耶穌。〈馬太福音〉二十八章說：「婦女們就急忙離開墳墓，又害怕，又大大地歡喜，跑去要報給他的門徒。忽然，耶穌遇見她們，說：願你們平安！她們就上前抱住他的腳拜他。耶穌對她們說：不要害怕！你們去告訴我的弟兄，

婦女們帶著膏抹耶穌屍體的香膏，她們並沒有預期耶穌復活，因此聽了天使的話，又害怕，又大大歡喜。
Peter Paul Rubens (1577~1640), The Three Marys at the Tomb with Mary Magdalene in red

叫他們往加利利去，在那裡必見我。」

耶穌這次的顯現，有個重點。首先，婦女們帶著香膏，預備膏抹耶穌的屍體，顯然她們沒有想像到耶穌會真的復活，所以當天使告知後，她們才會從墳墓那裡逃跑，發抖驚奇，而且因為害怕，不敢告訴人。

然後耶穌出現了，並說：「願你們平安！」直到這時，婦女們才真正相信：耶穌復活了，她們大大歡喜，就上前抱住耶穌的腳敬拜祂。耶穌告訴她們趕快去通知「我的弟兄。」也就是四散的門徒。

從抹大拉馬利亞到眾婦女，很明顯的，婦女在耶穌受難與復活的事上，扮演了非常重要的角色，然而，當時的婦女在猶太社會中相當沒有地位，這一點值得思考。

見證耶穌復活前兩次顯現的都是婦女，蘊藏著非常深刻的意義。
Adam Elsheimer, The three Marys at the tomb of Christ, 1603

耶穌復活後第三次顯現

地點：耶路撒冷

對象：向彼得顯現

耶穌第三次顯現，應該是在耶路撒冷向彼得顯現。這次的過程中，又一次考驗了門徒對復活的信心。抹大拉馬利亞把耶穌復活的訊息傳達給門徒時，他們的反應是「不信」。〈路加福音〉二十四章說：「（抹大拉馬

利亞）把這一切事告訴十一個使徒和其餘的人……她們這些話，使徒以為是胡言，就不相信。彼得起來，跑到墳墓前，低頭往裡看，見細麻布獨在一處，就回去了，心裡希奇所成的事。」

不只彼得跑到耶穌墳墓去觀看，約翰也去了，〈約翰福音〉二十章說：「（抹大拉馬利亞）就跑來見西門彼得和耶穌所愛的那個門徒，對他們說：有人把主從墳墓裡挪了去，我們不知道放在哪裡。彼得和那門徒就出來，往墳墓那裡去。兩個人同跑，那門徒比彼得跑得更快，先到了墳墓，低頭往裡看，就見細麻布還放在那裡，只是沒有進去。西門彼得隨後也到了，進墳墓裡去，就看見細麻布還放在那裡。」

〈約翰福音〉這段記載的「耶穌所愛的那個門徒」和「那門徒」，指的就是作者約翰。彼得（伯多祿）和約翰（若望）見到的是空墳墓，以及細麻布的情景，雖然他們「心裡希奇所成的事」，但沒有見到復活的耶穌。另外，耶穌這次沒有顯現給約翰看，只向彼得顯現。而且，這次顯現沒有現場的描述，是透過另外的門徒的轉述。當時，有兩個門徒，其中一個名叫革流巴（克羅

得到抹大拉馬利亞的通知，彼得和約翰急忙趕往耶穌的墳墓。
Eugène Burnand, The disciples Peter and John running to the tomb on the morning of the Resurrection, 1898

帕），他們走在以馬忤斯（Emmaus，厄瑪烏）的路上遇見了耶穌，他們急著趕回去告訴其他門徒，〈路加福音〉二十四章如此記述：「他們就立時起身，回耶路撒冷去，正遇見十一個使徒和他們的同人聚集在一處，說：主果然復活，已經現給西門看了。」

　　記載這次顯現的另一個出處，是保羅（保祿）在〈哥林多前書（格林多前書）〉十五章說：「並且顯給磯法看，然後顯給十二使徒看。」磯法就是彼得，他本名西門，耶穌將他改名為磯法，是亞蘭文「磐石」之意，翻譯而為彼得。

彼得和約翰見到了空墳墓與包裹耶穌屍體的細麻布，而耶穌不見了。
Henry Ossawa Tanner, The disciples Peter and John, 1906

　　耶穌第三次的顯現，門徒終於出現了。雖然只是旁人的轉述，但是，以馬忤斯路上的兩位門徒也已見到復活後的耶穌。很明顯的，在短短時間中耶穌復活的訊息已經開始傳開，門徒奔相走告。而這情形也被羅馬和猶太當局看在眼裡。

　　其實，耶穌受難安葬當晚，猶太祭司長就已有了動作。〈馬太福音〉二十七章說：「有抹大拉的馬利亞和那個馬利亞在那裡，對著墳墓坐著。次日，就是預備日的第二天，祭司長和法利賽人聚集來見彼拉多，說：大人，我們記得那誘惑人的還活著的時候曾說：三日後我要復活。因此，請吩咐人將墳墓把守妥當，直到第三日，

耶穌在以馬忤斯路
上的顯現，開始向
門徒宣講復活的真
義。
Rembrandt van Rijn,
The Supper at
Emmaus, 1629

恐怕他的門徒來，把他偷了去，就告訴百姓說：他從死
裡復活了。這樣，那後來的迷惑比先前的更利害了！彼
拉多說：你們有看守的兵，去吧！盡你們所能的把守妥
當。他們就帶著看守的兵同去，封了石頭，將墳墓把守
妥當。」

　　祭司長和法利賽人的憂心顯然不是多慮，本丟・
彼拉多（Pontius Pilatus，？～ 36；般雀・比拉多）卻不
以為意，不願意派出羅馬兵丁，只是淡淡說道：「你們
有看守的兵，去吧！盡你們所能的把守妥當。」顯然，
彼拉多不相信耶穌會復活，同時，他可能也不想再介入
猶太人和耶穌之間的糾葛。於是祭司長派出自己的兵
丁，嚴格把守耶穌墳墓。而他們的擔心居然成真了，耶
穌復活的消息沸沸揚揚傳開時，祭司長集團急著要處理
這個事情，〈馬太福音〉二十八章說：「看守的兵有幾
個進城去，將所經歷的事都報給祭司長。祭司長和長老

聚集商議，就拿許多銀錢給兵丁，說：你們要這樣說：夜間我們睡覺的時候，他的門徒來，把他偷去了。倘若這話被巡撫聽見，有我們勸他，保你們無事。兵丁受了銀錢，就照所囑咐他們的去行。這話就傳說在猶太人中間，直到今日。」

　　祭司長集團無法解釋與應付耶穌復活的消息，只能以錢財收買與造謊，然而這當然只是蒙混之計，耶穌的復活已經是事實，祭司集團也只能掩耳盜鈴，自欺欺人了。

耶穌復活後第四次顯現

地點：以馬忤斯，離耶路撒冷約二十五里
對象：革流巴等兩門徒

　　耶穌第四次顯現是在往以馬忤斯的路上，這村子離耶路撒冷大約十一公里。這次顯現和之前三次顯現最大不同在於：耶穌不僅向門徒顯現，為了堅定門徒的信心，開始講述復活的意義。

　　遇見耶穌的兩個門徒，〈路加福音〉二十四章只提出一個名叫革流巴，另一個不知名姓，革流巴在聖經中也只出現這一次。耶穌告訴他們自己從耶路撒冷來，門徒隨即問：「你在耶路撒冷作客，還不知道這幾天在那裡所出的事嗎？耶穌說：什麼事呢？他們說：就是拿撒勒人耶穌的事……再者，我們中間有幾個婦女使我們驚奇；他們清早到了墳墓那裡，不見他的身體，就回來告訴我們，說看見了天使顯現，說他活了。又有我們的幾個人往墳墓那裡去，所遇見的正如婦女們所說的，只是沒有看見他。」

　　很明顯的，耶穌復活的訊息已開始四處傳布，門徒

以馬忤斯的晚餐
中，耶穌使門徒
的眼睛明亮，終
於認出復活的耶
穌。
Matthias Stom,
Supper at Emmaus
with candlelight,
1639

們處在驚惶不定，猶疑猜測當中。他們說：「只是沒有
看見他。」說明他們懷疑以上傳言是否真實，也就是說：
他們並不相信耶穌復活了，因為「沒有看見他」，這應
該是當時信徒們普遍的心理，「看見」與否，成為是否
相信復活的關鍵。

〈路加福音〉二十四章記載，耶穌沒有馬上揭開真
相，而是告訴他們：「無知的人哪，先知所說的一切話，
你們的心信得太遲鈍了。基督這樣受害，又進入他的榮

耀，豈不是應當的嗎？於是從摩西和眾先知起，凡經上所指著自己的話都給他們講解明白了。」

耶穌說他們是「無知的人哪」，語氣可能有些嚴厲，也有《聖經》版本翻譯為：「你們太遲鈍了。」於是耶穌從舊約開始，向兩人傳講，祂的受難與復活。是上帝一貫的計畫，門徒誤解了聖經的教導，以致無法了解十字架與復活的真實意義——這正是耶穌一直以來的教導，只是現在，祂以復活後的身分，真實顯現給門徒看見，這無疑是堅定門徒信心最有效的方法。

然而，即使如此面對面的說明，兩個門徒依舊沒有認出耶穌。直至日色已晚，他們邀請耶穌留宿，「到了坐席的時候，耶穌拿起餅來，祝謝了，擘開，遞給他們。他們的眼睛明亮了，這才認出他來。忽然耶穌不見了。」

兩個門徒認出了耶穌，耶穌卻忽然不見了。這可能有著兩方面的意義：首先是，耶穌知道門徒的信心已被建立，知道自己接下來該做什麼事。其次是神學的意義，也就是：我們不能看見復活的基督，除非祂願意將自己顯現出來，即使，祂一直與人們同在。更深刻的意義在於，能否見到復活的基督，主要的關鍵不在於「看見」，在於「信心」。這也是耶穌之後顯現給多馬時會說：「你因看見了我才信；那沒有看見就信的有福了。」

另外值得一提的是，耶穌在以馬忤斯晚餐中的「擘餅」，應該不是祂在最後晚餐時所設立的聖餐，一個原因是這段記載沒有提到酒；其次是，這兩個門徒確定沒有參加那次晚餐，不會知道聖餐的儀式。所以，這應該是猶太人用餐的習俗。

革流巴和他的夥伴認出復活的耶穌，「他們就立時起身，回耶路撒冷去。」經文用「立時」這個詞，說明兩個門徒的覺醒與火熱，也許連晚飯也沒吃，連夜趕去耶路撒冷了。

耶穌復活後第五次顯現

地點：耶路撒冷
對象：緊閉門窗的十個門徒，當時多馬不在

　　耶穌第五次顯現，緊密連接著第四次顯現。從第一次到第五次顯現，都發生在一天之內，都在一週的第一日，也就是星期日。這說明復活的耶穌已經離開世間身體的束縛，不再受時空限制。

　　〈路加福音〉二十四章對這兩次顯現的敘述非常簡捷明快：「他們就立時起身，回耶路撒冷去，正遇見十一個使徒和他們的同人聚集在一處，說：主果然復活，已經現給西門看了。兩個人就把路上所遇見，和擘餅的

驚慌恐懼的門徒，聚在一起，緊閉門窗，耶穌突然出現了。
Duccio di Buoninsegna, Maestà, 1311

時候怎麼被他們認出來的事，都述說了一遍。」

在驚惶不安中，門徒們急切交換耶穌復活的訊息，焦灼與恐懼，清楚地顯現在他們對話中。焦灼，是因為他們不能確實掌握確切的訊息；恐懼是因為怕猶太人迫害他們，所以，把門窗關得非常緊密。

正當這時，耶穌突然出現，祝福他們平安。

門徒的反應非常真實，他們驚慌害怕，以為看見的是鬼魂。〈路加福音〉二十四章如此描述：「他們卻驚慌害怕，以為所看見的是魂。耶穌說：你們為什麼愁煩？為什麼心裡起疑念呢？你們看我的手，我的腳，就知道實在是我了。摸我看看！魂無骨無肉，你們看，我是有的。說了這話，就把手和腳給他們看。他們正喜得不敢信，並且希奇；耶穌就說：你們這裡有什麼吃的沒有？他們便給他一片燒魚。他接過來，在他們面前吃了。」

復活的耶穌不僅顯現、講話，還吃了一片燒魚。這個舉動，釋放了深陷恐懼狐疑中的門徒，給了他們無法言喻的大大的歡喜。耶穌對他們傳講了受難與復活的真義，也清楚交代門徒該做的事。關於耶穌給門徒的任務，有兩處的記載。一處是〈路加福音〉二十四章，耶穌要門徒：「人要奉他（復活的基督）的名傳悔改、赦罪的道，從耶路撒冷起直傳到萬邦。你們就是這些事的見證。我要將我父所應許的降在你們身上，你們要在城裡等候，直到你們領受從上頭來的能力。」

另一處是〈約翰福音〉二十章記載：「父怎樣差遣了我，我也照樣差遣你們。說了這話，就向他們吹一口氣，說：你們受聖靈！你們赦免誰的罪，誰的罪就赦免了；你們留下誰的罪，誰的罪就留下了。」

兩處記載中，都明白提出了耶穌對門徒的差遣。而〈路加福音〉中耶穌要門徒：「在城裡等候，直到你們領受從上頭來的能力。」這裡的交代，顯然預示了之後

耶穌對門徒說：「你們為什麼愁煩？為什麼心裡起疑念呢？你們看我的手，我的腳，就知道實在是我了。」
Anthony van Dyck,
Appearance of Christ to his Disciples, 1626

五旬節在耶路撒冷的聖靈降臨。耶穌這次沒有忽然消失，而是復活後第一次在眾人面前升天，顯示了復活後，恢復為「神的兒子」的真實身分：「耶穌領他們到伯大尼的對面，就舉手給他們祝福。正祝福的時候，他就離開他們，被帶到天上去了。他們就拜他，大大的歡喜，回耶路撒冷去，常在殿裡稱頌神。」

〈約翰福音〉的記載，和〈路加福音〉明顯有出入：「說了這話，就向他們吹一口氣，說：你們受聖靈！」

一處要門徒「等待」聖靈；一處卻已經「賜給」聖靈。關於這個出入，有多種論點，一般接受的解釋，認為這兩處經文所說的並不是同一件事。〈路加福音〉說的「從上頭來的能力。」是指耶穌應許的保惠師，將在五旬節降臨。〈約翰福音〉所說的「你們受聖靈！」，是指上帝在〈創世記〉造人時，吹的那口生氣：「耶和華神用地上的塵土造人，將生氣吹在他鼻孔裡，他就成了有靈的活人，名叫亞當。」約翰在此提出來，可能是一種預示的說法。

耶穌復活後第六次顯現

地點：耶路撒冷

對象：再向十一門徒顯現，特別為多馬顯現

耶穌復活的第六次顯現，隔的時日較長，而且似乎是針對門徒多馬而來。耶穌第五次顯現時，多馬剛好不在，其他門徒對他說已經看見復活的主時，他不相信。〈約翰福音〉二十章記載，多馬斷然說道：「我非看見他手上的釘痕，用指頭探入那釘痕，又用手探入他的肋

旁，我總不信。」於是耶穌再一次顯現，對多馬說：「伸
過你的指頭來，摸（原文是看）我的手；伸出你的手來，
探入我的肋旁。不要疑惑，總要信。」多馬立即說道：「我
的主！我的神！」他終於確定耶穌真的復活了。耶穌這
次顯現，開解了門徒中最剛硬的多馬。從第一次顯現至
此，耶穌遇見的一直是「不信」，人們總要親眼見到，
方才相信耶穌的復活。這次的顯現，彷彿是一次高強度
的特別課程，不僅讓多馬看到，還讓他觸摸十字架上的
傷痕，也終於解開門徒所有的疑慮，堅定了跟隨耶穌的
信心。

耶穌要多馬以手探
入祂的肋旁，剛硬
的多馬終於相信耶
穌真的復活了。
Matthias Stom, The
Incredulity of Saint
Thomas, 1649

聖經中並沒有說多馬是不是真的依照耶穌所說，將指頭探入耶穌的肋骨，不過這個故事已成為西方繪畫重要題材，十幾個世紀以來，不同畫家總是將多馬的手指探入耶穌的肋旁，形成了一個非常鮮明的畫面。

耶穌復活後第七次顯現

地點：加利利海邊
對象：七個門徒

耶穌第七次顯現，是祂刻意安排的，目的是饒恕、安慰與堅固飽受驚嚇的門徒。早在受難之前，耶穌就吩咐門徒去加利利。〈馬太福音〉二十六章說：「但我復活以後，要在你們以先往加利利去。彼得說：眾人雖然為你的緣故跌倒，我卻永不跌倒。耶穌說：我實在告訴你，今夜雞叫以先，你要三次不認我。」

這段記載極為著名，因為耶穌預言了彼得將會三次不認自己，彼得當時堅定的回答：「眾人雖然為你的緣故跌倒，我卻永不跌倒。」結果一如耶穌的預言，「彼得就發咒起誓地說：我不認得那個人。立時，雞就叫了。彼得想起耶穌所說的話：雞叫以先，你要三次不認我。他就出去痛哭。」耶穌不僅清楚揭示彼得的跌倒，連之後的饒恕也安排好了，那就是：「但我復活以後，要

在你們以先往加利利去。」加利利海邊的會面的主題是
復活、饒恕與召喚。

耶穌的行動積極而迅速，復活後第一次顯現，就對
抹大拉馬利亞說：「你往我弟兄那裡去，告訴他們說，
我要升上去見我的父，也是你們的父，見我的神，也是
你們的神。」緊接著，在第二次顯現，耶穌對眾婦女說
得更明確：「你們去告訴我的弟兄，叫他們往加利利去，
在那裡必見我。」

當耶穌從死裡復活，面對出賣、背棄等等，祂沒

耶穌受難之前就提
醒門徒，要他們去
加利利海邊等候。
Jacopo Tintoretto,
Christ at the Sea of
Galilee, 1580

在加利利海邊，耶穌以饒恕與愛，讓門徒知道復活的榮耀，拉開了建立教會的序幕。

James Tissot, Meal of Our Lord and the Apostles, 1894

有責備、教訓，甚至是放棄背叛祂的門徒，而是依然邀請他們，一起參加復活的榮耀。

這次在加利利與門徒會面，參與聚會的約翰用〈約翰福音〉二十一章整個的篇幅來記述，可見有多麼重要。與前幾次顯現不同的是，耶穌用更多行動證明祂的復活，包括：指點魚群所在、升火、做早餐以及和門徒一起進食。門徒與耶穌的關係，這時已經有了堅固的連結，這個關係反映在這句經文：「門徒中沒有一個敢問他：你是誰？因為知道是主。」但是，耶穌復活後到底要他們做什麼呢？門徒依舊茫然無措，不甚了了——即使耶穌從以馬忤斯顯現開始，連續啟示受難與復活的意義，但是，要他們做的「具體」事情是什麼呢？這正是耶穌接下來要教導的。

耶穌連續問彼得：「約翰的兒子西門，你愛我比這些更深嗎？彼得說：主啊，是的，你知道我愛你。耶穌對他說：你餵養我的小羊。」

這問題，耶穌連續問了彼得三次，第三次時，彼得心裡憂愁，對耶穌說：「主啊，你是無所不知的；你知道我愛你。耶穌說：你餵養我的羊。」

連續問三次，可能是相對於彼得三次不認主，不過耶穌不是指責彼得的錯，而是要吩咐彼得，要他「你餵養我的羊。」

這是耶穌復活顯現以來，對門徒具體交代，彼得顯然真實知道了耶穌要他做的事。接下來，耶穌對彼得說：「我實實在在地告訴你，你年少的時候，自己束上帶子，隨意往來；但年老的時候，你要伸出手來，別人要把你

束上，帶你到不願意去的地方。（耶穌說這話是指著彼得要怎樣死，榮耀神。）說了這話，就對他說：你跟從我吧！」

　　耶穌對彼得的吩咐極其明確，不僅告訴他將來的命運，甚至包括會怎樣死。這個交代，無疑是巨大的震撼，原來跟隨耶穌的路，是要生死以之，目的是：「榮耀神。」相對之前的諸多提醒與教導，耶穌這次顯現，清楚說明門徒一生要走的道路。從歷史角度來看，加利利海邊的顯現，是耶穌建立基督教會的起點；從信仰的角度來看，耶穌受難與復活的真義，以及對信徒的教導和吩咐，已經完全具體彰顯。

耶穌復活後第八次顯現

地點：加利利某山
對象：十一使徒

　　耶穌復活後第八次顯現，有極重要的意義，地點卻不明確。〈馬太福音〉二十八章記載，耶穌告訴十一個

十九世紀繪製的
他泊山
Mount Tabor, 1855

在他泊山耶穌吩咐門徒：「你們要去,使萬民作我的門徒,奉父、子、聖靈的名給他們施洗。」開啟了基督信仰的宣教之路。
Mount Tabor 19century

門徒:「天上地下所有的權柄都賜給我了。所以,你們要去,使萬民作我的門徒,奉父、子、聖靈的名給他們施洗。凡我所吩咐你們的,都教訓他們遵守,我就常與你們同在,直到世界的末了。」

文字雖然很短,但耶穌明確地告訴門徒,祂已擁有所有權柄,以彌賽亞的身分,要求門徒奉「三位一體」真神之名為人施洗,並教訓他們遵守耶穌吩咐門徒的教導。這幾乎就是基督信仰的基本宣言,尤其對基督教會的建立,有非常深遠的意義。至於顯現的地點沒有清楚說明。〈馬太福音〉說:「十一個門徒往加利利去,到了耶穌約定的山上。」所謂耶穌約定的山上只有一個線索:在加利利附近。

根據《聖經》記載,加利利附近有兩座名山與耶穌有關,一座是黑門山(Hermon;赫爾孟);一座是他泊山(Tabor;大博爾)。一般推測比較可能是他泊山。

耶穌復活後第九次顯現

地點:橄欖山

對象:眾門徒或一百二十人,或五百人

耶穌第九次的復活顯現,是最後一次以肉身顯現,囑咐門徒當行的事之後,隨即升天。歷代以來,對這次顯現有不同的說法——有人以為只向十一個使徒,但多數認為是向 120 人顯現。因為主升天之後,他們從橄欖山回到耶路撒冷,在「馬可樓」上祈禱,〈使徒行傳(宗徒大事錄)〉記載他們的人數是 120 人。但也有人認為是保羅在〈哥林多前書〉所說,耶穌升天的時候曾向 500 人顯現。

　　這次顯現最詳細的記載不在四卷福音書中，而是在新約的〈使徒行傳〉第一章。顯現地點記載得很清楚：「有一座山，名叫橄欖山，離耶路撒冷不遠，約有安息日可走的路程。當下，門徒從那裡回耶路撒冷去。」

　　這次顯現，耶穌第一個教導是：「不要離開耶路撒冷，要等候父所應許的，就是你們聽見我說過的。約翰是用水施洗，但不多幾日，你們要受聖靈的洗。」

　　聖靈降臨是耶穌在〈約翰福音〉十四章的許諾：「我要求父，父就另外賜給你們一位保惠師，叫他永遠與你們同在，就是真理的聖靈。」耶穌在此，又一次強調

耶穌在橄欖山吩咐門徒在耶路撒冷等候聖靈降臨，隨即升天，這是耶穌在人世最後一次的肉身顯現。
John Singleton Copley, in Ascension ,1775

耶穌在橄欖山教導門徒：
「並要在耶路撒冷、猶太
全地，和撒馬利亞，直到
地極，作我的見證。」
Ghirlandaio Domenico,
Calling of the Apostles,
1481

了聖靈降臨的真實與重要。

但有些門徒依然不解，問耶穌：「主啊，你復興以色列國就在這時候嗎？」顯然，他們還是不知道耶穌復活與天國的關係，而是希望耶穌帶領他們復興以色列，耶穌回答：「父憑著自己的權柄所定的時候、日期，不是你們可以知道的。」而門徒的任務是：「但聖靈降臨在你們身上，你們就必得著能力，並要在耶路撒冷、猶太全地，和撒馬利亞，直到地極，作我的見證。」

這是耶穌在世上以肉身說的最後一段話，說完這話：「他就被取上升，有一朵雲彩把他接去，便看不見他了。」這是耶穌復活後第二次被接上天，另一次是第六次顯現，在伯大尼地方。但仍有許多人心中疑懼，他們驚詫不已，無法置信，因此兩個天使現身告訴他們：「加利利人哪，你們為什麼站著望天呢？這離開你們被接升天的耶穌，你們見他怎樣往天上去，他還要怎樣來。」

這句話的重點在於耶穌怎樣往天上去，也還要怎樣來，這是末日審判與上帝之國觀念的陳明。

也有人因為主耶穌是在加利利長大及傳道，祂在加利利的朋友較多，那五百人可能是主在加利利某山顯現時的對象，即第八次顯現所說的。

從第一次到第九次顯現，復活的耶穌以肉身，以神的身分，穿插出現，為的是建立門徒的信心，自橄欖山這次之後，耶穌恢復了神的位分，以「大光」驚醒保羅，以「人子」的形象啟示約翰，更重要的是，三位一體的聖靈的降臨。

耶穌復活後第十次顯現

地點：耶路撒冷

對象：耶穌的兄弟雅各

　　耶穌這次顯現對象只有一人——祂的弟弟雅各（雅各伯），因為親屬和雅各曾經都認為耶穌癲狂了，而不信祂。〈馬可福音〉三章說：「耶穌進了一個屋子，眾人又聚集，甚至他連飯也顧不得吃。耶穌的親屬聽見，就出來要拉住他，因為他們說他癲狂了。」〈約翰福音〉七章說：「人要顯揚名聲，沒有在暗處行事的；你如果行這些事，就當將自己顯明給世人看。因為連他的弟兄說這話，是因為不信他。」

　　耶穌特別顯現給雅各看，應該有著深刻的愛與關切，雅各就此相信了耶穌，日後且成為耶路撒冷教會的領袖。

　　《聖經》中只有一處記載這件事，〈哥林多前書〉十五章保羅說：「以後顯給雅各看。」除此之外就沒有任何線索。雖然在次經〈希伯來福音（Gospel of the Hebrew）〉有相關訊息，但是斷簡殘篇，無法證實真偽，而且沒有列入《聖經》，只能作為參考。

耶穌向祂的弟弟雅各顯現，使雅各成為忠心的追隨者，至死不悔。
Peter Paul Rubens, Saint James the Less, 1613

五旬節聖靈降臨

地點：馬可樓

對象：彼得、約翰、雅各、安得烈、腓力、多馬、巴多羅買、馬太、亞勒腓的兒子雅各、奮銳黨的西門、雅各的兒子猶大、耶穌的母親馬利亞、耶穌的弟兄、幾個婦人

依照耶穌預言，聖靈真的在五旬節降臨了，開啟了基督信仰新的篇章。
Juan Bautista Mayno, The Pentecost, 1614

聖靈降臨並不是耶穌的顯現，卻是整個基督信仰的重大事件，因為聖靈降臨，門徒才從驚嚇逃亡、猶疑不定，一變而為心意堅定的宣教者，挺身為耶穌作見證，將基督的福音傳到各地，確立了基督教會的建立與興盛。耶穌的復活之路中，聖靈降臨的地位重要無比。此外，〈約翰福音〉七章說：「那時還沒有賜下聖靈來，因為耶穌尚未得著榮耀。」可見，聖靈降臨的前提是耶穌得著榮耀，換言之，沒有耶穌的復活，就沒有聖靈降臨，兩件事實在是一件事。

事實上，若是依照基督信仰三位一體的信念，將聖靈降臨視為耶穌的顯現，也並無扞格之處。

聖靈降臨的過程，〈使徒行傳〉第二章記載得很詳細：「五旬節到了，門徒都聚集在一處。忽然，從天上有響聲下來，好像一陣大風吹過，充滿了他們所坐的屋子，又有舌頭如火焰顯現出來，分開落在他們各人頭上。他們就都被聖靈充滿。」

聖靈降臨後，彼得起身說出基督信仰第一篇講道。
Jacques Blanchard, The Descent of the Holy Spirit, 1634

聖靈降臨的日期是耶穌復活後五十日，升天十日後。五旬節是猶太人三大節期之一，又稱初熟節或收割節。這個節日與上帝的約有關，猶太教認為這個節日是上帝在西乃山（Mount Sinai）頒布律法給摩西（梅瑟）的日子。若從歷史的觀點，可將這一天視為基督教會的誕生日，因為聖靈降臨當日，不僅門徒勇敢挺身作見證，彼得講述了史上第一篇講道，同時，當天就有三千人受洗成為基督徒。

聖靈降臨的地點，傳說中是在「馬可樓」，這是信徒馬可（馬爾谷）的家，〈使徒行傳〉十二章記載彼得從監獄脫身後：「想了一想，就往那稱呼馬可的約翰、他母親馬利亞家去，在那裡有好些人聚集禱告。」

一般認為這裡也是耶穌進行最後晚餐、設立聖餐、為門徒洗腳的所在；耶穌復活後兩次——也就是第五次和第六次，在這裡向門徒顯現；耶穌升天後，門徒聚集在此禱告領受聖靈。今日，在耶路撒冷還有馬可樓的遺跡，供信徒參觀，不過這應該是中世紀重新改建過的建築，不是當初真正的地點。

耶穌復活後第十一次顯現

地點：大馬色路上
對象：保羅（掃羅）

緊隨聖靈降臨，門徒奮起為耶穌作見證，四處傳道，使得基督教會日益興旺，但猶太祭司集團並沒有停止對基督信仰的攻擊，四處追捕並殺害基督徒，主持這事的代表人物是掃羅，就是後來的保羅。

耶穌復活後的第十次顯現，便是著名的「保羅歸信（Conversion of Paul the Apostle）」，也被稱為「大馬士革路上（Road to Damascus，大馬色）」在新約中，保羅是僅次於耶穌的重要人物。

這次顯現有兩個特點。第一個特點，是耶穌不再以肉身顯示，而是以大光與聲音。〈使徒行傳〉第九章作者路加如此形容：「掃羅行路，將到大馬色，忽然從天上發光，四面照著他；他就仆倒在地，聽見有聲音對他說：掃羅！掃羅！你為什麼逼迫我？」

保羅在〈使徒行傳〉二十六章自述：「王啊，我在路上，晌午的時候，看見從天發光，比日頭還亮，四面照著我並與我同行的人。我們都仆倒在地，我就聽見有聲音用希伯來話向我說：掃羅！掃羅！為什麼逼迫我？你用腳踢刺是難的！」

耶穌歷次顯現中，這次的記錄相當完整與確鑿，有記錄與自述互相對照。而與保羅同行的人，只看到大光，聽見聲音，卻沒有看到耶穌，顯然，這是耶穌對保羅個人的呼喚。

對耶穌的問題：「掃羅！掃羅！你為什麼逼迫我？」保羅的反應是：「主啊！你是誰？」保羅對這不可思議的異象，直接認定是神的顯現，但不知道是耶穌。直到

耶穌回答：「我就是你所逼迫的耶穌。你起來站著，我特意向你顯現，要派你作執事，作見證，將你所看見的事和我將要指示你的事證明出來。」

　　不僅呼喚保羅歸信，耶穌還要祂為自己的復活作見證，向非猶太民族宣教，保羅自述耶穌吩咐他：「要叫他們的眼睛得開，從黑暗中歸向光明，從撒但權下歸向神；又因信我，得蒙赦罪，和一切成聖的人同得基業。」耶穌這個吩咐，成為基督信仰邁向全世界的起點，兩千多年來基督信仰成為人類最大的宗教，這次事件是重大的關鍵。

　　這次顯現第二個特點，是耶穌第一次向非信徒顯現，不只是不信，保羅還是最痛恨耶穌與信徒的人，他形容自己是：「從前我自己以為應當多方攻擊拿撒勒人耶穌的名，我在耶路撒冷也曾這樣行了。既從祭司長得了權柄，我就把許多聖徒囚在監裡。他們被殺，我也出名定案。在各會堂，我屢次用刑強逼他們說褻瀆

耶穌以大光和聲音，使逼迫基督徒的掃羅歸信耶穌，成為基督教重要的奠基者。
Michelangelo Merisi da Caravaggio, Conversion on the Way to Damascus, 1601

的話，又分外惱恨他們，甚至追逼他們，直到外邦的城邑。」

保羅是出身自傳統猶太信仰的法利賽人，有豐富深厚的神學素養，也是祭司集團的重要成員，他四處追逼基督徒，將他們下到監獄，並且處死。簡單說，保羅就是門徒最懼怕的人物。但是在耶穌的顯現與呼喚中，保羅歸信了復活的耶穌，成為門徒，接受了耶穌交代的任務，終身不悔，直到被斬首殉道。

耶穌復活後第十二次顯現

地點：拔摩島
對象：約翰

耶穌第十二次顯現，也是最後一次顯現，時間大約是公元 95 年，距離第一次顯現已有六十年左右，對象是耶穌「所愛的門徒」約翰，推算當時他至少八十多歲，是門徒中最長壽的一位，已是「老約翰」了。顯現地點是愛琴海中的拔摩島（Patmos，帕特摩），約翰顯然是由於宗教因素遭到迫害，被放逐至此。第二年被釋放回到以弗所（Ephesus；厄弗所），寫下了聖經最後一卷書〈啟示錄（若望默示錄）〉。

這次顯現，記錄在〈啟示錄〉第一章，時間是在一個主日（即一般的週日）約翰寫道：「當主日，我被聖靈感動，聽見在我後面有大聲音如吹號，說：你所看見的當寫在書上，達與以弗所、士每拿（斯米納）、別迦摩（培爾加摩）、推雅推喇（提雅提辣）、撒狄（撒爾德）、非拉鐵非（非拉德非雅）、老底嘉（勞狄刻雅）、那七個教會。」

這段記載說明，經過六十年的努力，信徒們已然建

立了許多基督教會，而這些教會面臨著信仰的問題，需要提醒與修正，這是耶穌顯現的目的之一。

　　耶穌這次顯現，已是神的容貌，約翰的描述也很抽象，一般人很難有真切的想像——〈啟示錄〉被視為《聖經》最難理解的一卷書，從約翰的這段文字可以得到印證。

　　約翰記載耶穌的顯現與吩咐：「我一看見，就仆倒在他腳前，像死了一樣。他用右手按著我，說：不要懼怕！我是首先的，我是末後的，又是那存活的；我曾死過，現在又活了，直活到永永遠遠；並且拿著死亡和陰間的鑰匙。所以你要把所看見的，和現在的事，並將來必成的事，都寫出來。」

　　耶穌告訴約翰：「我曾死過，現在又活了，直活到永永遠遠。」這段話清楚說明，約翰見到的是復活的耶穌，而且，耶穌是以神的位分顯現。

　　從受難到復活，從耶路撒冷的空墳墓，到拔摩島上基督，耶穌的復活之路每一步都有祂的計畫與意義，仔細尋訪每一次的顯現，便可發現這真是改變人類生命的大事件——我們即使不以宗教和神學角度來討論，也絕對應該深入認識耶穌的復活，因為這是整個地球至少二十億基督徒篤信不移的基本信念。

耶穌「最愛的門徒」約翰，因為耶穌的顯現，寫下《聖經》最後一卷書〈啟示錄〉。
Gaspar de Crayer, Saint John Evangelist writes his Revelations on the Island of Patmos, 1669

復活五問

第一問：為什麼會有復活節？

復活節，又稱「主復活日」，是基督信仰的重要節期，重要性更甚於聖誕節。復活節象徵重生與希望，為的是記念耶穌基督遭羅馬兵丁釘死於十字架上，第三天復活。

復活是基督教信仰中最重要的一環，若從基督信仰中除去復活的真理，基督信仰就等於沒有信仰了。耶穌若沒有復活，祂就不是救主，也非猶太人的王；耶穌若沒有復活，五旬節時，使徒就不會經歷聖靈充滿的神蹟；耶穌若沒有復活，基督徒就沒有可見證的事；耶穌若沒有復活，就無法解釋〈詩篇〉十六篇所說的：「因為你必不將我的靈魂撇在陰間，也不叫你的聖者見朽壞。」耶穌若沒有復活，我們勢必要繼續等待尚未出現的彌賽亞。因為復活如此重要，所以世界上第一篇基督信仰證道文，就是〈使徒行傳〉第二章彼得見證耶穌復活的宣告。

第二問：為什麼每年復活節日期都不一樣？

計算復活節的方法，自古以來均十分複雜，拉丁文Computus（計算）這個字，甚至是專指計算復活節的方法。

復活節專指每年春分月圓之後第一個星期日，因為春分之後開始日長夜短、光明大過黑暗，月圓的時候，不但在日間充滿光明，就連漆黑的夜晚也照耀著月光的光輝，正是耶穌復活——光明戰勝黑暗的寫照。

羅馬帝國君士坦丁大帝在公元 325 年召開第一次尼西亞大公會議，明訂復活節是星期日，從此，復活節就在每年春分（3 月 21 日）月圓後第一個星期日舉行。

1997 年，國際普世教會協會在敘利亞召開會議，建議改革計算復活節的方式，統一東、西教會的復活節，但至今絕大部分國家仍沒有跟隨。

許多人疑惑，為什麼每年復活節的日期都不固定？又是根據什麼準則來確定呢？

最簡潔的說明，出自牛津大學
1963 年出版《現代高級英漢雙解
辭典》（Oxford Advanced Learner's
Dictionary of Current English）字典
中「Easter」復活節一條清楚寫著：
「復活節，在 3 月 21 日或該日後
月圓以後第一個星期日。」其實，
復活節是哪一天，是經由三個曆法：
西曆、陰曆、星期合併計算出來的，
所以才會如此飄忽不定。

復活節是基督信仰最重要
的節期，蘊含著世間最終
極的奧秘。
Duccio di Buoninsegna,
Maestà, 1311

第三問：復活節為什麼一定是在星期日？

復活節這個節日必定在星期日，是因為聖經記載，耶穌
遭門徒出賣，繼而被帶上法庭，並在星期五死於十字架上。
根據猶太人的法律，星期六是安息日，一切活動都要停止，
基督的追隨者只好在星期五日落前，將耶穌的遺體安葬在墓
穴內就匆匆離開。星期日早上，當他們再到基督的墓穴時，
竟然發現耶穌的屍首不見了，後來透過復活的基督向婦女及
門徒顯現，才知道耶穌基督已經復活了。自此，基督徒就將
紀念基督復活的星期日稱為「復活節」，這就是復活節的起
源。同時，復活節之前的星期五，就定為「受難節」。

第四問：復活是身體復活？還是靈性復活？

復活包括靈性復活與身體復活。聖經中許多復活的經
文，都說明身體復活與靈性復活是清楚分開的：一個與「因
信稱義而得救」有關；一個與「末世身體得贖」有關。

一、**靈性復活**：在我們真實信耶穌，經驗重生得救，就
已經得到靈性復活。〈羅馬書〉六章：「這樣，你們向罪也
當看自己是死的；向神在基督耶穌裡，卻當看自己是活的。」
我們的身體雖然會死亡，靈性卻永遠活著。

〈彼得前書〉一章：「願頌讚歸與我們主耶穌基督的父
神！他曾照自己的大憐憫，藉耶穌基督從死裡復活，重生了
我們，叫我們有活潑的盼望。」

〈以弗所書〉二章：「你們死在過犯罪惡之中，他叫你們活過來。」就是說明當人信主的同時，靈性已然復活。

從上述經文我們可以知道，決志相信耶穌的時候，我們的靈性已經復活了。

二、身體復活：除了靈性復活，我們的身體也要復活，但這是末世、主再來時才會發生的事。

〈哥林多前書〉六章記載：「並且神已經叫主復活，也要用自己的能力叫我們復活。」這裡提到的復活，在希臘文的語法是未來式，表示將來才會發生。

〈哥林多前書〉十五章說：「但基督已經從死裡復活，成為睡了之人初熟的果子。死既是因一人而來，死人復活也是因一人而來。在亞當裡眾人都死了；照樣，在基督裡眾人也都要復活。但各人是按著自己的次序復活：初熟的果子是基督；以後，在他來的時候，是那些屬基督的。」

這兩處經文都明明指出，屬基督的人，身體要等到主再來才復活，這是《聖經》中清楚的記載與教導。

靈性復活與靈魂復活不同。靈性復活關乎得救，不信上帝的人，靈性是死的，信主之後，靈性就活過來了，靈性如果復活，就不會死亡。靈魂復活不同，它是與身體復活一起的，這裡的靈魂，是指生命隨著肉體死亡而結束的部分，靈魂既然隨身體死亡，也會隨身體復活。

第五問：耶穌死後真的復活了嗎？

《聖經》中對於耶穌死後復活有著清楚完整的記載。例如〈約翰福音〉二十章記載：「那些門徒就對他說：我們已經看見主了。多馬卻說：我非看見他手上的釘痕，用指頭探入那釘痕，又用手探入他的肋旁，我總不信。過了八日，門徒又在屋裡，多馬也和他們同在，門都關了。耶穌來，站在當中

說：願你們平安！就對多馬說：伸過你的指頭來，摸（原文
是看）我的手；伸出你的手來，探入我的肋旁。不要疑惑，
總要信！多馬說：我的主！我的神！」

〈路加福音〉二十四章說：「你們看我的手，我的腳，
就知道實在是我了。摸我看看！魂無骨無肉，你們看，我是
有的。」

雖然從現代科學來看，復活很難解釋，但科學有其極限
是事實，用有限的觀念去證明超乎極限的現象，當然不可能
有真正的結論。這樣的邏輯也證明：能不能接受復活，真正
的關鍵是信仰與信心，這也是認識基督信仰的基本前提。

耶穌的復活是向世人宣
告，最大的力量不是武
力與權勢，而是「信」
與「愛」，一如耶穌對
門徒的饒恕與教導。
Carl Oesterley, Jesus and
his Disciples on the Sea of
Galilee, 1833

第一章圖錄

保羅歸信（Conversion of Paul the Apostle）

保羅歸信也被稱為「大馬色路上（road to Damascus）」

耶穌復活的十二次顯現，每次都有極重要的啟示，而保羅歸信尤其具有特殊的意涵。首先，保羅不是耶穌的追隨者，甚至是迫害基督徒的首要人物，在耶穌的敵對陣營中，有著舉足輕重的地位，因此，保羅的歸信耶穌格外特別。而保羅對基督教的成立，對異邦人的宣教，基督教義的闡明，在新約中，都有不可取代的地位。

綜觀歷代作品，構圖大都是空中傳來大光，保羅自馬上跌落為主。但是因為時代背景與文化差異，保羅與兵丁的裝束，有著極大落差，這也是觀察歷代作品一個有趣的、重要的面向。

Spinello Aretino,
The Conversion of
Saint Paul, 1391

Palma il Giovane,
The Conversion of
Saint Paul, 1595

Simon Johannes
van Douw, The Fall
of Saul, 1677

Bartolomé Esteban
Murillo, Conversion
of Saint Paul, 1682

Luca Giordano, La
Conversion de Saint
Paul, 1690

José Ferraz de Almeida Júnior, A Conversão de São Paulo a Caminho de Damasco, 1890

David Teniers the
Elder (1582 – 1649),
The Conversion of
Saint Paul

第二章

耶穌最後一週

耶穌最後一週大事表

時間	事件	重要經文
第一天： （週日） 棕櫚主日	耶穌騎著小驢從橄欖山下來，進入耶路撒冷。 羅馬總督彼拉多，率兵進入耶路撒冷。	太二十一：1～11 可十一：1～11 路十九：28～40 約十二：12～19
第二天 （週一）	耶穌清理聖殿。	太二十一：12～17 可十一：15～19 路十九：45～48 約十二：13～23
第三天 （週二）	耶穌與希律黨、法利賽人以凱撒銀幣辯論，讚賞寡婦兩個小錢。	太二十二：17～22 可十二：41～44
第四天 （週三）	逾越節前兩天，伯大尼馬利亞獻香膏。	太二十六：6～13 可十四：3～9 約十一：1～2 約十二：1～3
	祭司長與猶大約定逮捕耶穌。	太二十六：14～16 路二十二：3～6
第五天 （週四）	最後的晚餐。	太二十六：17～20 可十四：12～21 路二十二：7～14
	設立聖餐、為門徒洗腳。	太二十六：26～29 可十四：22～25 路二十二：15～20 約十三：1～17 林前十一：23～29
	耶穌客西馬尼園的禱告，被逮捕。	太二十六：36～56

編注：本章只列出與全書敘述相關事件，沒有完整列出耶穌最後一
　　　週所有事件與說話。

公元 30 年 4 月，耶穌與門徒進入耶路撒冷，徹底改變了人類的歷史。Enrique Simonet, Jesus approaches Jerusalem, 1892

耶穌的受難與復活，是上帝完整的計畫。追溯整個事件，其實早在耶穌剛開始傳道，行出第三次神蹟時，猶太人與祭司集團，便決定要除掉耶穌。所有事件的高潮，發生在公元 30 年耶穌進入耶路撒冷，那是耶穌在世上的最後一週。

畢士大池的殺機

耶穌開始行道所行的第一個神蹟，是在迦拿（加納）的婚宴上，使清水變成美酒。第二個神蹟是在迦百農（葛法翁），醫治一位大臣瀕死的兒子。第三次神蹟是在畢士大池（貝特匝達）旁讓癱瘓三十八年的癱子，恢復健康。〈約翰福音〉五章記載：「在耶路撒冷，靠近羊門有一個池子，希伯來話叫做畢士大，旁邊有五個廊子；

裡面躺著瞎眼的、瘸腿的、血氣枯乾的許多病人。……在那裡有一個人，病了三十八年。耶穌看見他躺著，知道他病了許久，就問他說：你要痊癒嗎？……耶穌對他說：起來，拿你的褥子走吧！那人立刻痊癒，就拿起褥子來走了。」

耶穌行這個神蹟引起了猶太人的注意，他們問痊癒的癱子，是誰讓他痊癒、讓他拿起褥子走動的？癱子回答：「是耶穌。」這句話點燃了猶太人的殺機，因為兩個原因。

第一個原因：那天是安息日。當時的猶太人謹守安息日的律例，任何事都不可以做，違反律例的後果非常嚴重。〈約翰福音〉說：「那天是安息日，所以猶太人對那醫好的人說：今天是安息日，你拿褥子是不可的。」既然是耶穌讓癱子拿起褥子走開，於是猶太人將這個罪責歸到耶穌的頭上。

第二個原因：是猶太人質問耶穌，為何要在安息日觸犯律例，去做這事？耶穌回答：「我父做事直到如今，

進入耶路撒冷，是耶穌與上帝救贖人類的重大步驟。

Enrique Simonet, Jesus approaches Jerusalem, 1892

我也做事。所以猶太人越發想要殺他；因他不但犯了安息日，並且稱神為他的父，將自己和神當作平等。」觸犯安息日律例已經是大罪了，耶穌竟然自稱是神的兒子，這讓猶太人深深憤怒與仇恨，他們認為耶穌褻瀆了上帝，「所以猶太人越發想要殺他。」

從畢士大池旁的初起殺機，到耶穌行道救人，不斷發生的神蹟、奇事與教訓，越來越多的民眾成為耶穌的追隨者，猶太人對耶穌的憤怒與忌恨，也隨之不斷地增強。

在耶路撒冷過節

「住棚節」是猶太人三大節日之一，其餘兩個是「逾越節」與「五旬節」。耶穌在各地行道，引起許多人追隨時，祂的家人卻不信祂，因此，住棚節來到時，祂的家人要耶穌到耶路撒冷過節。〈約翰福音〉第七章說：「當時猶太人的住棚節近了。耶穌的弟兄就對他說：你離開這裡上猶太去吧，叫你的門徒也看見你所行的事。人要顯揚名聲，沒有在暗處行事的；你如果行這些事，就當將自己顯明給世人看。因為連他的弟兄說這話，是因為不信他。」

耶穌回答家人說：「我的時候還沒有到；你們的時候常是方便的。……你們上去過節吧，我現在不上去過這節，因為我的時候還沒有滿。」耶穌說：「因為我的時候還沒有滿。」是受難與復活事件推演進行的關鍵，簡單說，這是上帝的計畫，世人不可能知道與理解——除非上帝向世人啟示與邀請。

耶穌雖然沒有和家人一起去耶路撒冷，自己卻暗自進了城。〈約翰福音〉第七章說：「正在節期，猶太人

尋找耶穌，說：他在哪裡？眾人為他紛紛議論，有的說：他是好人。有的說：不然，他是迷惑眾人的。只是沒有人明明的講論他，因為怕猶太人。到了節期，耶穌上殿裡去教訓人。」

耶穌這次行動，更加激起了猶太人的惱怒，他們開始付之行動，派差役去抓捕耶穌，但沒有找到耶穌，猶太人質問為何沒有抓耶穌時，差役回答：「從來沒有像他這樣說話的！」顯然，差役的心意動搖了，他們開始認可耶穌的教訓，甚且相信耶穌真的是先知。猶太人憤怒了，他們大聲責問：「你們也受了迷惑嗎？官長或是法利賽人豈有信他的呢？但這些不明白律法的百姓是被咒詛的！」

耶穌與猶太人之間的嫌隙已然無法化解，因為耶穌已經威脅到猶太掌握權力的集團，動搖了他們的統治，因此他們詛咒百姓，定下決心要除去耶穌，只是耶穌的時間還沒有滿，直到耶穌以王者的身分，坦然大度地進入耶路撒冷，在這一週，耶穌徹底改變了人類命運。

耶穌的時間到了

公元 30 年初春，耶路撒冷的猶太人正預備歡慶一年最重要的「逾越節」，兩支隊伍進入了這個基督信仰的聖地。

在農民和支持者歡呼聲中，耶穌騎著驢子，從橄欖山進入耶路撒冷。這群隊伍從北方一百哩的加利利行走到此，耶穌的宣教生涯一直指向耶路撒冷，經過三年，祂終於來到這裡，那天是一週的第一天，也就是週日。

同一天，羅馬帝國統治者本丟‧彼拉多，在尊崇的儀仗簇擁下，率領精銳部隊，進駐耶路撒冷羅馬兵營，

他是羅馬帝國猶太行省第五任總督（26 ～ 36），羅馬皇帝在猶太地的最高代表。

　　彼拉多此時到這地，最重要的任務，是預防猶太人在逾越節期發生動亂，所以預備了強大的武力，完全杜絕任何可能的群眾運動。這時的耶路撒冷處在無比歡樂與高度森嚴的詭異氣氛中，耶穌選擇這時候進城，顯然有祂的理由和目的，否則，祂應該避開這高度敏感的時間，但耶穌終究選擇這天進城，因為祂的時間到了。

　　耶穌騎驢進城有著高度的象徵意義，這是以色列國王的標誌。〈列王紀上〉第一章記載大衛王吩咐眾臣：「要帶領你們主的僕人，使我兒子所羅門騎我的騾子，送他下到基訓。在那裡，祭司撒督和先知拿單要膏他做以色列的王。你們也要吹角，說：願所羅門王萬歲！然後要跟隨他上來，使他坐在我的位上，接續我做王。」

　　〈撒迦利亞書（匝加利亞書）〉第九章說：「錫安的民哪，應當大大喜樂；耶路撒冷的民哪，應當歡呼。看哪，你的王來到你這裡！他是公義的，並且施行拯救，

耶穌進城的形式，是依照《聖經》舊約的預言。
Maestro de San Baudelio de Berlanga, Entry of Christ into Jerusalem, 1125

謙謙和和地騎著驢，就是騎著驢的駒子。……他的權柄必從這海管到那海，從大河管到地極。」

與之前的低調迂迴迥然不同，耶穌騎驢進城，公然表明了祂身為大衛苗裔與先知的身分。〈馬太福音〉二十一章描述歡迎與圍觀的群眾，看到騎驢的耶穌，興奮的高喊：「前行後隨的眾人喊著說：和散那（原有求救的意思，在此是稱頌的話）歸於大衛的子孫！奉主名來的是應當稱頌的！高高在上和散那！耶穌既進了耶路撒冷，合城都驚動了，說：這是誰？眾人說：這是加利利拿撒勒的先知耶穌。」

耶穌至少曾經五次進入耶路撒冷，但這次祂揭示的身分是大衛（達味）的子孫，以色列的王以及先知，而直到一週之後，人們才開始真正認知耶穌真正的身分——祂是上帝的兒子。

耶穌進入耶路撒冷的舉措，給了猶太人無比振奮的盼望，但是在祭司集團的眼中，耶穌此舉無疑是最嚴重的挑釁。同時，耶穌也引起統治以色列的政治勢力的關注，包括羅馬總督彼拉多與猶太的希律王（黑落德），從政治、經濟到宗教，各方的勢力開始集結，他們集體的目的是除掉耶穌。

清理上帝的聖殿

耶穌最後一週的週一，來到以色列人敬拜上帝的聖殿，這是祂第一個行動——清理上帝的家。

耶穌並不是第一次來到聖殿，祂剛出生就來過這裡。〈路加福音〉第二章記載：「滿了八天，就給孩子行割禮，與他起名叫耶穌；這就是沒有成胎以前，天使所起的名。按摩西律法滿了潔淨的日子，他們帶著孩子

上耶路撒冷去，要把他獻與主。（正如主的律法上所記：凡頭生的男子必稱聖歸主。）」

　　十二歲時，耶穌隨著父母來聖殿獻祭，回程時卻失散了，當約瑟（若瑟）與馬利亞（瑪利亞）趕回聖殿時，卻看到一幕讓他們驚詫的場面，〈路加福音〉第二章說：「就遇見他在殿裡，坐在教師中間，一面聽，一面問。凡聽見他的，都希奇他的聰明和他的應對。他父母看見就很希奇。」當父母問耶穌為何讓家人擔憂時，年幼的耶穌竟回答說：「為什麼找我呢？豈不知我應當以我父的事為念嗎（或作：豈不知我應當在我父的家裡嗎）？他所說的這話，他們不明白。」

　　當時，只有耶穌知道自己的身分，但是祂沒有多做說明，而是順服的跟隨家人回到拿撒勒家中，因為，耶穌的時間還沒有到。

　　耶穌至少曾經五次進入耶路撒冷過節，但這次來到聖殿，祂開始清理父親的家。〈馬太福音〉二十一章記

耶穌進入耶路撒冷的第一個行動，是清理上帝的家。
Scarsellino, Driving of the Merchants From the Temple, 1585

清理聖殿是耶穌建立基督
信仰重大的宣告。
El Greco, Christ Driving the
Money Changers from the
Temple, 1570

載：「耶穌進了神的殿，趕出殿裡一切做買賣的人，推倒兌換銀錢之人的桌子，和賣鴿子之人的凳子；對他們說：經上記著說：我的殿必稱為禱告的殿，你們倒使它成為賊窩了。在殿裡有瞎子、瘸子到耶穌跟前，他就治好了他們。祭司長和文士看見耶穌所行的奇事，又見小孩子在殿裡喊著說：和散那歸於大衛的子孫！就甚惱怒。」

耶路撒冷是所有以色列人心中的聖城，而聖殿更是最神聖的地方，每個以色列人都要到此敬拜與獻祭。〈路加福音〉第二章記載，耶穌出生後，約瑟與馬利亞帶祂到聖殿，所獻的是：「又要照主的律法上所說，或用一對斑鳩，或用兩隻雛鴿獻祭。」但耶穌在最後一週的週一，所做的是清理聖殿。

因為獻祭的緣故，許多朝聖的人必須進行實物與銀錢的交易，為了方便，聖殿有許多兌換的地方。到了耶穌時代，聖殿已變成當時規模龐大的資本與金融的中心，財富之豐厚令人咋舌。僅以這週的逾越節估計，至少有 20 萬人參加，獻祭的羔羊將高達 50 萬隻，再加上奉獻的金錢，數目之大可以想像。

耶穌之所以要清理聖殿，第一個原因便是：聖殿已失去了敬拜與獻祭的真正意義，淪為統治與祭司集團的財務系統。並且斂聚而來的財富，並沒有用在聖殿所需，或是公眾事務，而是納貢繳稅與興建王宮，供給菁英享受豪奢的生活。

　　第二個原因，是希律王整建聖殿時，將象徵羅馬的黃金大老鷹，與羅馬最高至善至能的朱比特（Jupiter Optimus Maximus）安置在大門頂端，以色列人為反對在聖殿裝設羅馬老鷹與朱比特，曾有激烈的抗爭，因為加上這些裝飾之後，聖殿到底是耶和華的殿？還是朱比特的宅邸呢？

　　約瑟夫斯（Titus Flavius Josephus, 37 ～ 100）的《猶太戰記》和《猶太古史》記載：「國王的指揮官……運用相當的兵力，逮捕四十名左右的年輕男性，帶到國王面前……他把那些從屋頂上下來的人和醫生活活燒死；其他被逮捕的人則交給他的劊子手。」（註一）

　　耶穌清理聖殿的目的，並不是要重建一個全新的、潔淨的聖殿，而是要拆毀物質的聖殿，建立心靈的聖殿。〈馬可福音〉十三章記載耶穌預言聖殿將被毀棄：「耶穌從殿裡出來的時候，有一個門徒對他說：夫子，請看，這是何等的石頭！何等的殿宇！耶穌對他說：你看見這大殿宇嗎？將來在這裡沒有一塊石頭留在石頭上，不被拆毀了。」

　　新的聖殿是耶穌的身體，〈約翰福音〉二章耶穌說：「耶穌回答說：你們拆毀這殿，我三日內要再建立起來。猶太人便說：這殿是四十六年才造成的，你三日內就再建立起來嗎？但耶穌這話是以他的身體為殿。所以到他從死裡復活以後，門徒就想起他說過這話，便信了聖經和耶穌所說的。」

　　這是耶穌最後一週週一發生的事。

註一：見《基督的最後七天》（*The Last Week：A Day by Day Account of Jesus's Final Week in Jerusalem*），pp.63-90，作者／Marcus J. Borg、John Dominic Crossan；譯者／吳妍蓉。橡實文化出版，2006。

寡婦與凱撒的錢

週二，耶穌再次來到聖殿。遇到了等著與祂辯論的希律黨、法利賽人與文士。他們提出問題挑戰耶穌，包括復活、誡命與律法等等。辯論過程中，他們設下一個難題要耶穌回答。〈馬太福音〉二十二章記載：「請告訴我們，你的意見如何？納稅給凱撒可以不可以？耶穌看出他們的惡意，就說：假冒為善的人哪，為什麼試探我？拿一個上稅的錢給我看！他們就拿一個銀錢來給他。耶穌說：這像和這號是誰的？他們說：是凱撒的。耶穌說：這樣，凱撒的物當歸給凱撒；神的物當歸給神。他們聽見就希奇，離開他走了。」

這群人問的問題，是要耶穌掉進「拒絕繳稅，反抗

「凱撒的物當歸給凱撒；神的物當歸給神。」是耶穌對天國的重要啟示。
Bartolomeo Manfredi,
Tribute to Caesar, 1620

羅馬」的陷阱，這樣便可輕易定耶穌的罪，但耶穌卻藉機陳明「地上的國」與「天父的國」的差異，回答他們：「凱撒的物當歸給凱撒；神的物當歸給神。他們聽見就希奇，離開他走了。」讓敵人抓不著藉口，無法入祂於罪。

耶穌一直在宣講的主題，就是兩個國度。地上的國指羅馬帝國，當時西方世界最煊赫強盛的政治力量。世上的國，旋起旋滅，不能長存。唯有天父的國才是永恆的，因此，即使納稅給該撒，並不違反耶穌的教導，但是，為天父的國奉獻，才是真正當為的事。

與凱撒的銀幣相對應的，是聖殿中一個寡婦的作為，耶穌藉這個事件，進一步說明祂的教導。〈馬可福音〉十二章記載：「耶穌對銀庫坐著，看眾人怎樣投錢入庫。有好些財主往裡投了若干的錢。有一個窮寡婦來，往裡投了兩個小錢，就是一個大錢。耶穌叫門徒來，說：我實在告訴你們，這窮寡婦投入庫裡的，比眾人所投的更多。因為，他們都是自己有餘，拿出來投在裡頭；但這寡婦是自己不足，把她一切養生的都投上了。」

羅馬帝國興盛強大，統有萬方，寡婦的兩個小錢如何能比？但耶穌卻看中這兩個小錢，因為好些財主投的錢，都是他們多而有餘的，寡婦是不顧自己的不足，把一切養生的錢財都奉獻了。耶穌藉此教訓的，並不是要人們不顧生活所需，而是事奉天國的態度。

這是耶穌最後一週週二發生的事。

寡婦的兩個小錢，在耶穌眼中勝過無數財主豐厚的奉獻。

James Tissot,
The Widow's Mite,
1894

一瓶香膏與三十兩銀子

　　耶穌最後一週並沒有住在耶路撒冷，晚上祂會到伯大尼過夜。而在週三時，發生了馬利亞用香膏塗抹耶穌，以及猶大決定出賣耶穌的事件。〈馬可福音〉十四章記載：「耶穌在伯大尼長大痲瘋的西門家裡坐席的時候，有一個女人拿著一玉瓶至貴的真哪噠香膏來，打破玉瓶，把膏澆在耶穌的頭上。有幾個人心中很不喜悅，說：何用這樣枉費香膏呢？這香膏可以賣三十多兩銀子賙濟窮人。他們就向那女人生氣。耶穌說：由她吧！為什麼難為她呢？她在我身上做的是一件美事。因為常有窮人和你們同在，要向他們行善隨時都可以；只是你們不常有我。」

　　馬可說的一個女人，不知名姓，在〈約翰福音〉十一、十二章指明是拉撒路的姊姊馬利亞。[註二] 耶穌的受難與復活，並不是突然發生，而是上帝完整周密的計畫，耶穌不斷提醒與教訓門徒與追隨者祂將受難與復活，但是眾人都不相信，唯有馬利亞接受而且相信耶穌的預示，因此，在耶穌即將受難前夕，以一瓶貴重的香膏，澆在耶穌頭上，這個動作其實是在為耶穌的死亡做準備，因為猶太文化中，塗抹香膏是葬禮為屍體所行的儀式。

　　馬利亞真誠的「相信」，對比於眾人的「不信」，形成強烈的對比與反差，尤其是加略人猶大（猶達斯依斯加略）。從這個角度來看，馬利亞是有真信仰的信徒，猶大是最失敗的信徒。至於馬可說的：「有幾個人心中很不喜悅，說：何用這樣枉費香膏呢？」在〈約翰福音〉十二章則直接指明：「有一個門徒，就是那將要賣耶穌的加略人猶大，說：這香膏為什麼不賣三十兩銀子賙濟窮人呢？他說這話，並不是掛念窮人，乃因他是個賊，

伯大尼馬利亞用香膏膏抹耶穌，預示著耶穌的受難與復活。
Rubens, Feast in the House of Simon the Pharisee, 1618

又帶著錢囊，常取其中所存的。」

　　加略人猶大出賣耶穌的心意，就在這時付之行動了。〈馬可福音〉十四章記載：「過兩天是逾越節，又是除酵節，祭司長和文士想法子怎麼用詭計捉拿耶穌，殺他。只是說：當節的日子不可，恐怕百姓生亂。」正當耶穌的敵人苦於不知如何抓捕耶穌時，猶大找上他們，雙方約定了第二天晚上誘捕耶穌的計畫，猶大所得的是三十兩銀子，正是馬利亞那瓶香膏的價值。

　　就在耶穌與門徒預備過逾越節的前夕，敵人已布下抓捕與殺害祂的天羅地網，一切都依照耶穌的預言進行，因為，上帝的時間已經到了。

　　這是耶穌最後一週週三發生的事。

註二：伯大尼馬利亞膏抹耶穌的事件，在〈馬太福音〉二十六章、〈馬可福音〉十四章的記載，都是在逾越節前二日，也就是耶穌最後一週的週三。但〈約翰福音〉十一、十二章記載是在逾越節前六日，是在耶穌進入耶路撒冷之前。究竟是前二日？抑或是前六日？歷代以來皆沒有定論，本書採用〈馬太福音〉與〈馬可福音〉的記載。

最後晚餐的紀念

　　耶穌最後的晚餐是人類史上，最著名的事件。但是，晚餐是在那裡舉行的呢？是否就是耶路撒冷現在標示的遺跡呢？

　　〈使徒行傳〉十二章記載彼得從監獄脫身後：「想了一想，就往那稱呼馬可的約翰、他母親馬利亞家去，在那裡有好些人聚集禱告。」一般認為，最後的晚餐、耶穌顯現與聖靈降臨，都是在信徒馬可的家，因此稱為「馬可樓」。在 Hugo Comminelli 和 Pietro del Massaio 所繪製的一幅地圖，記載了公元 1472 年的耶路撒冷的地

耶穌在最後的晚餐設立了「聖餐」，是基督信仰最重要的儀式之一。
Luca signorelli, Communion of the Apostles, 1512

理形勢。圖中左上方有一行拉丁文寫道：「Ubi apostoli acceperunt spiritum sanctum」。意義是「聖徒接受聖靈的聖所。」這可能是最早的記錄之一，不過仍需要進一步的比對與研究。

　　耶穌在最後晚餐上有許多吩咐與教導，其中有兩件大事與教會建立有著直接關連，一是設立聖餐禮；二是為門徒洗腳。

　　聖餐禮和洗禮是基督信仰最重要的兩個儀式，兩者都與耶穌有密切的關係。〈路加福音〉二十二章記載：「時候到了，耶穌坐席，使徒也和他同坐。耶穌對他們說：我很願意在受害以先和你們吃這逾越節的筵席。我告訴你們，我不再吃這筵席，直到成就在神的國裡。耶穌接過杯來，祝謝了，說：你們拿這個，大家分著喝。我告訴你們，從今以後，我不再喝這葡萄汁，直等神的國來到。又拿起餅來，祝謝了，就擘開，遞給他們，說：這是我的身體，為你們捨的，你們也應當如此行，為的是記念我。飯後也照樣拿起杯來，說：這杯是用我血所立的新約，是為你們流出來的。」

　　這是世上第一次舉行的聖餐禮，由耶穌親自主持。

　　為門徒洗腳雖然不是儀式，卻有著極其深刻的基督信仰真義。〈約翰福音〉十三章記載：「耶穌知道父已將萬有交在他手裡，且知道自己是從神出來的，又要歸到神那裡去，就離席站起來，脫了衣服，拿一條手巾束腰，隨後把水倒在盆裡，就洗門徒的腳，並用自己所束的手巾擦乾。挨到西門彼得，彼得對他說：主啊，你洗我的腳嗎？耶穌回答說：我所做的，你如

一般認為最後的晚餐與聖靈降臨的地點都在馬可樓，位置在地圖左上方。
Hugo Comminelli 和 Pietro del Massaio, Map of Jerusalem, 1472

今不知道，後來必明白。彼得說：你永不可洗我的腳！耶穌說：我若不洗你，你就與我無分了。西門彼得說：主啊，不但我的腳，連手和頭也要洗。」

回溯門徒長久以來最大的爭議，便是爭論誰大誰小，或是誰在耶穌左邊，誰在右邊。而藉著為門徒洗腳，耶穌清楚的告訴門徒：「我是你們的主，你們的夫子，尚且洗你們的腳，你們也當彼此洗腳。我給你們作了榜樣，叫你們照著我向你們所做的去做。我實實在在的告訴你們，僕人不能大於主人，差人也不能大於差他的人。你們既知道這事，若是去行就有福了。」

晚餐即將結束，耶穌最後吩咐門徒的話，開始句句扎進門徒心頭。〈馬太福音〉二十六章說：「那時，耶穌對他們說：今夜，你們為我的緣故都要跌倒。因為經上記著說：我要擊打牧人，羊就分散了。但我復活以後，要在你們以先往加利利去。彼得說：眾人雖然為你的緣故跌倒，我卻永不跌倒。耶穌說：我實在告訴你，今夜雞叫以先，你要三次不認我。彼得說：我就是必須和你同死，也總不能不認你。眾門徒都是這樣說。」

門徒雖然對「但我復活以後，要在你們以先往加利利去。」這件事，不甚了了。但是他們知道耶穌是牧人，自己是羊群，而今耶穌預言自己將被擊打，大家都會跌倒，門徒的血性被激發出來，居長的彼得大聲說道：「眾人雖然為你的緣故跌倒，我卻永不跌倒。」耶穌卻告訴彼得：「我實在告訴你，今夜雞叫以先，你要三次不認我。」這回答實在傷害了彼得的自尊心，他幾乎起誓般的說道：「我就是必須和你同死，也總不能不認你。」眾門徒也都紛紛表態，在他們心中，

耶穌是受上帝祝福的先知，是統治以色列的王，怎麼可能受逼迫而死的？但一切真相，在幾個小時之後就將揭曉。

最後的晚餐結束，耶穌帶領門徒來到客西馬尼（Gethsemane，革責馬尼），於是，時候到了。〈馬太福音〉二十六章記載：「耶穌同門徒來到一個地方，名叫客西馬尼，就對他們說：你們坐在這裡，等我到那邊去禱告。於是帶著彼得和西庇太的兩個兒子同去，就憂愁起來，極其難過，便對他們說：我心裡甚是憂傷，幾乎要死；你們在這裡等候，和我一同警醒。」

除了設立聖餐禮與為門徒洗腳，耶穌還預言了猶大的背叛，彼得不認自己。當最後的晚餐結束，耶穌帶著門徒來到一個地方，名叫客西馬尼園，耶穌將在此度過祂在世上的最後一晚。

這是耶穌最後一週週四發生的事。

畫面中央牆上的巨大陰影，暗示最後的晚餐結束，耶穌即將被捕受難。
Antoni Estruch i Bros, Last Supper, 1904

第二章圖錄

最後的晚餐（The Last Supper）

　　最後的晚餐無疑是基督信仰藝術中重要的主題，最膾炙人口的當屬達文西（Leonardo da Vinci）繪製於 1495 至 1498 年的作品。這幅畫流傳之廣，名氣之盛，在人類藝術史堪稱首屈一指。

　　一般人雖然都熟知最後的的晚餐，卻往往忽略耶穌在最後晚餐中，還設立了「聖餐（Communion）」，以及「為門徒洗腳」，這兩項都是基督信仰重要的儀式。圖錄中，我們收錄了「聖餐」與「為門徒洗腳」的作品，讓最後的晚餐的意義更加完整與深刻。

Andrea del Castagno,
Last Supper, 1450

Luis Tristán, Last
Supper, 1620

Pietro Lorenzetti, Last
Supper, Basilica of San
Francesco d'Assisi, 1320

Pintura mural (caly temple) datada en el periodo,1255

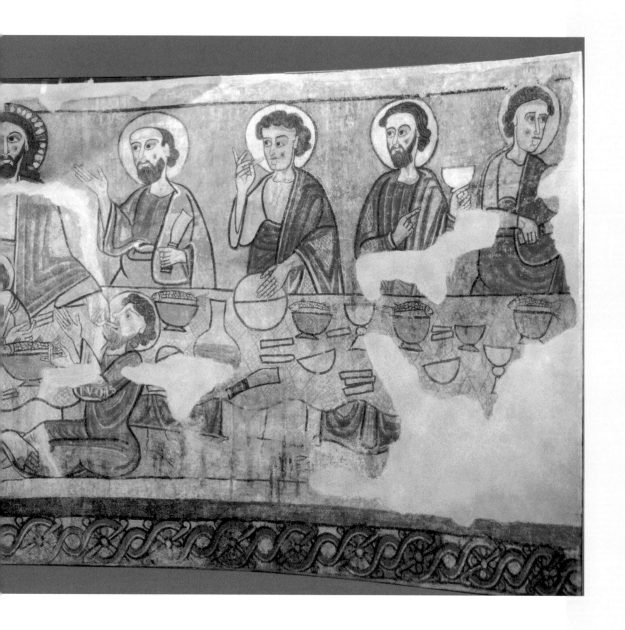

Willem Jacob Herreyns, The Last Supper, 1800

Mariano Salvador Maella, The Last Supper, 1794

Henryk Siemiradzki (attr), Last Supper, 1876

Daniele Crespi, The Last Supper ,1625

為門徒洗腳

Jacopo Tintoretto, Christ Washing the Disciples Feet, 1548

Ford Madox Brown, Jesus washing
Peter's feet, 1856

Benvenuto Tisi, Christ
Washing the Disciples'
Feet, 1525

Giotto di Bondone, Washing of the Feet, 1303

Meister des Hausbuches, Christ Washing
the Feet of the Apostles, 1475

Albert Edelfelt, Jesus Washing the Feet of his Disciples, 1898

設聖餐禮

Luca signorelli,
Communion of
the Apostles,
1512

Luca Giordano,
The Communion of
Apostles, 1705

Justus van Gent, Communion of the Apostles, 1475

Juan de Juanes, The Eucharist, 1562

第三章

受　難

耶穌受難時間表

主題	時間	事件	重要經文
一、 耶穌被捕、審判與鞭打。	約午夜一點	耶穌在客西馬尼園禱告、被逮捕。	太二十六：36～56 可十四：32～46 路二十二：39～54 約十八：1～12
	約午夜兩點至三點	耶穌被解到公會亞那、該亞法審問。	太二十六：57～66 可十四：53～65 約十八：12～24
	約清晨四點	耶穌被公會判死刑。	太二十七：1～2 可十四：64 路二十二：71
		彼拉多審問耶穌。	太二十七：11～14 可十五：1～5 路二十三：1～6 約十八：28～37
	約清晨五點	希律王審問、毆打、戲弄耶穌。	路二十三：7～12
	約早晨六點半	彼拉多第二次審問、耶穌被鞭打與戲弄、判定釘十字架。	路二十三：13～25 太二十七：26～31 可十五：16～20 約十九：1～16
二、 耶穌背起十字架，走向各各他。	約七點至九點	耶穌背起十字架，走向各各他。	太二十七：32～33 可十五：21～22 路二十三：26～33 約十九：17
三、 耶穌被釘十字架、死亡。	約午前九點	耶穌被釘十字架。	太二十七：35～49 可十五：24～32 路二十三：33～43 約十九：18～24
	約午正十二點至三點	將母親託付約翰，遍地黑暗了，耶穌將靈魂交給神。	太二十七：45～50 可十五：33～39 路二十三：44～46 約十九：25～35
四、 耶穌被移下十字架、安葬。	約黃昏至夜間	耶穌被移下十字架、安葬。	太二十七：57～60 可十五：43～46 路二十三：52～53 約十九：38～42
五、 耶穌復活。	請見第一章復活之路。		

耶穌受難的經過，《聖經》記載得相當清楚，大致可以分為五個階段：被捕、審判與鞭打；耶穌背起十字架，走向各各他；耶穌被釘十字架、死亡；耶穌被移下十字架、安葬；耶穌復活。這是一個完整的計畫，一切都在上帝與耶穌的時間之中，所以，耶穌在十字架上說的最後一句話是：「成了。」

客西馬尼園的禱告

耶穌在客西馬尼園被逮捕的時間，大約是週四晚間十一時至一時。耶穌在客西馬尼園的禱告，是基督信仰重要的教導，一方面耶穌勸誡門徒要警醒；另一方面祂三次向上帝禱告。〈馬太福音〉二十六章記載耶穌不斷提醒門徒：

「我心裡甚是憂傷，幾乎要死；你們在這裡等候，和我一同警醒。」

「來到門徒那裡，見他們睡著了，就對彼得說：怎

客西馬尼園是受難的起點，耶穌三次向上帝禱告：「我父啊，倘若可行，求你叫這杯離開我。然而，不要照我的意思，只要照你的意思。」
Andrea Mantegna, The Agony in the Garden, 1455

猶大與兵丁來抓耶穌，耶穌對他說：「猶大！你用親嘴的暗號賣人子嗎？」
Giuseppe Cesari, Christ Taken Prisoner, 1597

麼樣？你們不能同我警醒片時嗎？總要警醒禱告，免得入了迷惑。你們心靈固然願意，肉體卻軟弱了。」

「又來，見他們睡著了，因為他們的眼睛困倦。」

耶穌要門徒保持警醒，也體諒門徒的疲倦不堪。耶穌最後一週的行程極其密集，門徒的體力和心力都已到達了極限，但在這最後一刻，耶穌仍勉勵門徒要警醒。最後祂說：「現在你們仍然睡覺安歇吧！時候到了，人子被賣在罪人手裡了。」

另一方面，耶穌三次向上帝禱告：

「我父啊，倘若可行，求你叫這杯離開我。然而，不要照我的意思，只要照你的意思。」

「第二次又去禱告說：我父啊，這杯若不能離開我，必要我喝，就願你的意旨成全。」

「第三次禱告，說的話還是與先前一樣。」

耶穌三次向上帝禱告的主題，都是：「這杯若不能離開我，必要我喝，就願你的意旨成全。」

從這兩組話語，可以看出耶穌身處極大痛苦，但祂必要面對上帝與世人的艱難處境，這也正是耶穌一生在世上的寫照與縮影。

當耶穌禱告三次，門徒昏昏然時，背叛的猶大帶著兵丁來了，猶大設定的暗號是他親誰的嘴，誰就是耶穌，兵丁就可以立刻逮捕。祭司長和猶大的計畫順利的進行。在整個逮捕過程中，耶穌竟然出奇的沉默。

〈馬太福音〉二十六章記載，耶穌說了兩句話：

「耶穌對他說：朋友（指猶大），你來要做的事，就做吧。」

「耶穌對他（指彼得）說：收刀入鞘吧！凡動刀的，必死在刀下。你想，我不能求我父現在為我差遣十二營多天使來嗎？若是這樣，經上所說，事情必須如此的話怎麼應驗呢？當時，耶穌對眾人說：你們帶著刀棒出來拿我，如同拿強盜嗎？我天天坐在殿裡教訓人，你們並沒有拿我。

〈馬可福音〉十四章記載，耶穌說了兩句話：

「你們帶著刀棒出來拿我，如同拿強盜嗎？

我天天教訓人，同你們在殿裡，你們並沒有拿我。」

〈路加福音〉二十二章記載，耶穌說了三句話：

「耶穌對他說：猶大！你用親嘴的暗號賣人子嗎？」

「到了這個地步，由他們吧！」

為保護耶穌，彼得拔刀砍殺，耶穌對他說：「收刀入鞘吧！凡動刀的，必死在刀下。」
Giotto Scrovegni, Kiss of Judas, 1306

「你們帶著刀棒出來拿我，如同拿強盜嗎？我天天同你們在殿裡，你們不下手拿我。現在卻是你們的時候，黑暗掌權了。」

〈約翰福音〉十八章記載，耶穌說了四句話：

「你們找誰？」

「我就是。」

「我已經告訴你們，我就是。你們若找我，就讓這些人去吧。」

「收刀入鞘吧，我父所給我的那杯，我豈可不喝呢？」

綜觀耶穌的回答，祂如此沉默，因為這是上帝的旨意，耶穌順服得喝下上帝的苦杯，所以耶穌說：「我父所給我的那杯，我豈可不喝呢？」

還有一句極重要的話是：「收刀入鞘吧！凡動刀的，必死在刀下。」耶穌來到世上是完成上帝救贖人類的計

週四凌晨一點，耶穌在客西馬尼園被抓，隨即被送到猶太公會受審。
Wolf Huber, The Capture of Christ, 1522

畫，武力不是祂的方法，戰爭不是祂的目的。〈以賽亞書〉第九章說：「因有一嬰孩為我們而生；有一子賜給我們。政權必擔在他的肩頭上；他名稱為奇妙策士、全能的神、永在的父、和平的君。」就是在說耶穌的身分與屬性。否則一如耶穌所說：「我不能求我父現在為我差遣十二營多天使來嗎？若是這樣，經上所說，事情必須如此的話怎麼應驗呢？」

最後的晚餐時加略人猶大藉故離開，與祭司集團聯繫抓捕耶穌。
Carl Bloch (1834-1890),
The Last Supper Judas
Iscariot retiring

　　逮捕耶穌時，彼得果真如他所說，奮勇拔刀抵抗，但被耶穌制止了。〈約翰福音〉十八章記載：「西門彼得帶著一把刀，就拔出來，將大祭司的僕人砍了一刀，削掉他的右耳；那僕人名叫馬勒古。耶穌就對彼得說：收刀入鞘吧，我父所給我的那杯，我豈可不喝呢？那隊兵和千夫長，並猶太人的差役就拿住耶穌，把他捆綁了。」

　　耶穌在世上三十三年半的時間，從未傷害破壞上帝所造之人類，這是唯一一次有門徒在他面前做這事，耶穌隨即醫治好了那名僕人。也一如耶穌所預言，門徒們隨即逃走了。

　　〈馬可福音〉十四章記載：「門徒都離開他，逃走了。有一個少年人，赤身披著一塊麻布，跟隨耶穌，眾人就捉拿他。他卻丟了麻布，赤身逃走了。」

　　這段記載有兩個重點。一是敘述門徒時，用了兩句話。先說：「門徒都離開他。」後說：「逃走了。」

　　離開耶穌，是放棄了三年來的追隨與教導，門徒的信心徹底崩潰了，原來受難與死亡竟是如此真實可及，他們終於相信耶穌將被審判與處死。但這只是耶穌預言

加略人猶大出賣耶穌的代價是：三十個銀幣。

Rembrandt's, Judas Returning the Thirty Silver Pieces, 1629

的一半，另一半是耶穌一直提醒與邀請他們參與的，是一起奔赴天國，一起見證復活的榮耀，而不是以色列建國之後的高官厚祿。離開耶穌，等於是拒絕踏上見證天國的道路。事實上，這也是基督信仰最讓世人疑惑的部分，因為這是屬於上帝的計畫，世人很難相信不使用武力與權勢，單單靠著「信」與「愛」，就能成就任何事情。

耶穌早已預見這個景況，並且深深諒解。一如祂對尼哥底母（尼苛德摩）說的：「我對你們說地上的事，你們尚且不信，若說天上的事，如何能信呢？」

門徒四散逃走，但是彼得和約翰留在耶路撒冷，旁觀耶穌受難的整個過程。之後三天，是門徒備受煎熬，無比驚恐的三天。

另一個重點，是：「有一個少年人。」一般都認為，

這個少年人就是〈馬可福音〉的作者馬可本人，耶穌與門徒最後的晚餐，就是在他家進行的。〈馬可福音〉是第一本寫成的福音書，完成的年代大約是在公元 60 年至 70 年，耶穌受難三十至四十年之後，因此，可以見證門徒被擊打四散逃亡之後，耶穌的信息並沒有煙消雲散，反而真正興旺起來。這是因為三天之後，耶穌真正的復活了，門徒也終於真正明瞭耶穌所傳的是天國的真理，而不是世上的似錦繁華。

　　週四夜間大約十一點，耶穌在客西馬尼園被逮捕，等待祂的是審判，而終點是各各他（Golgotha，哥耳哥達）的十字架。

審判耶穌的四個人

　　耶穌被逮捕之後，被送到猶太公會接受審判。第一個審判的是亞那（Annas，亞納），亞那是大祭司該亞法（Kaiaphas，蓋法）的岳父，曾在公元 6 至 15 年擔任大祭司。耶穌清理聖殿時，亞那便想除掉耶穌，因為聖殿周圍許多兌換銀錢的棚位，都屬於亞那所有，人們稱之為「亞那之棚」，簡單說，亞那便是既得利益的一分子，當然非常痛恨耶穌，耶穌第一次被打，就是他的差役所為。

　　〈約翰福音〉十八章記載，當亞那以祂教訓門徒的事盤問

審判耶穌的過程中，每個審判者都對耶穌施以責問、羞辱、拷打、鞭擊等種種殘酷至極的方式，企圖瓦解崩潰耶穌的意志，但耶穌始終默默承受，不發一語。
William-Adolphe Bouguereau, The Flagellation of Our Lord Jesus Christ, 1880

耶穌時，耶穌回答：「我從來是明明的對世人說話。我常在會堂和殿裡，就是猶太人聚集的地方教訓人；我在暗地裡並沒有說什麼。你為什麼問我呢？可以問那聽見的人，我對他們說的是什麼；我所說的，他們都知道。」

耶穌說完這話，旁邊站著的一個差役用手掌打祂，斥責耶穌不可以對大祭司這樣講話。耶穌回答：「我若說的不是，你可以指證那不是；我若說的是，你為什麼打我呢？」

接下來，耶穌被送到該亞法的面前，這是謀害耶穌的總指揮。耶穌受審時的表現依然極其沉默。〈馬太福音〉二十六章記載：「拿耶穌的人把他帶到大祭司該亞

大祭司審判耶穌，企圖以偽證誣陷耶穌。
Gerard van Honthorst,
Christ before the High
Priest, 1617

法那裡去；文士和長老
已經在那裡聚會。……
祭司長和全公會尋找假
見證控告耶穌，要治死
他。」為要治死耶穌，
該亞法找了好些人作偽
證，但卻一直得不到真
憑實據，而耶穌始終沒
有言語，直到該亞法對
質問說：「我指著永生

猶太公會判處耶穌死刑。
Nikolay Ge, The Judgment
of the Sanhedrin：He is
Guilty, 1892

神叫你起誓告訴我們，你是神的兒子基督不是？耶穌對
他說：你說的是。然而，我告訴你們，後來你們要看見
人子坐在那權能者的右邊，駕著天上的雲降臨。」

　　耶穌不會否認自己是神的兒子，而這個的回答正是
該亞法等待已久的罪證，他撕開了衣服，對眾人說道：
「他說了僭妄的話，我們何必再用見證人呢？這僭妄的
話，現在你們都聽見了。你們的意見如何？他們回答說：
他是該死的。他們就吐唾沫在他臉上，用拳頭打他；也
有用手掌打他的，說：基督啊！你是先知，告訴我們打
你的是誰？」

　　耶穌在猶太公會受到毆打與羞辱，被判死刑，但公
會沒有處死人的權力，於是耶穌被送到彼拉多面前，這
時天已亮了。〈路加福音〉二十三章記載：「我們見這
人誘惑國民，禁止納稅給凱撒，並說自己是基督，是王。
彼拉多問耶穌說：你是猶太人的王嗎？耶穌回答說：你
說的是。彼拉多對祭司長和眾人說：我查不出這人有什
麼罪來。但他們越發極力地說：他煽惑百姓，在猶太遍
地傳道，從加利利起，直到這裡了。彼拉多一聽見，就
問：這人是加利利人嗎？既曉得耶穌屬希律所管，就把
他送到希律那裡去。那時希律正在耶路撒冷。」

　　為要治死耶穌，猶太人將耶穌推向叛逆羅馬帝國的罪名，面對這樣的誣陷，耶穌始終沉默，當彼拉多問祂：「你是猶太人的王嗎？」耶穌回答：「你說的是。」這是耶穌面對彼拉多第一次審問，所說的唯一一句話。隨即，耶穌被解送到希律的宮邸。

　　希律看見耶穌，就很歡喜；因為他聽見過耶穌許多的神奇的事跡，久已想要見祂，並且指望看祂行一件神蹟。於是問祂許多的話；耶穌卻一言不答。祭司長和文士都站著，極力的誣陷耶穌。〈路加福音〉二十三章記載：「祭司長和文士都站著，極力的告他。希律和他的兵丁就藐視耶穌，戲弄他，給他穿上華麗衣服，把他送回彼拉多那裡去。從前希律和彼拉多彼此有仇，在那一天就成了朋友。」

　　這段記載的重點是：「從前希律和彼拉多彼此有仇，在那一天就成了朋友。」在政治利益的前提之下，彼拉多、統治猶太人的希律王與祭司集團，化解前嫌，攜手合作了，因為他們已經有了共識——耶穌的真實身分無法思議，影響力無法估測，處理不善，將引起巨大震撼，危及他們的政治與經濟地位，甚至動搖整個猶太地的政局。

　　但是當耶穌再度被解送回彼拉多面前，彼拉多並沒有立刻定耶穌的罪，他企圖以巡撫的權責，用一個罪人替代耶穌，但猶太群眾拒絕了。〈馬太福音〉二十七章記載：「巡撫有一個常例，每逢這節期，隨眾人所要的釋放一個因犯給他們。當時有一個出名的囚犯叫巴拉巴。眾人聚集的時候，彼拉多就對他們說：你們要我釋放哪一個給你們？是巴拉巴呢？是稱為基督的耶穌呢？巡撫原知道他們是因為嫉妒才把他解了來。……祭司長和長老挑唆眾人，求釋放巴拉巴，除滅耶穌。巡撫對眾人說：這兩個人，你們要我釋放哪一個給你們呢？他們

說：巴拉巴。彼拉多說：這樣，那稱為基督的耶穌我怎麼辦他呢？他們都說：把他釘十字架！巡撫說：為什麼呢？他做了什麼惡事呢？他們便極力的喊著說：把他釘十字架！」

整個過程中，彼拉多告訴群眾：「流這義人的血，罪不在我，你們承當吧！」猶太眾人異口同聲回答：「他的血歸到我們和我們的子孫身上！」

無法抗拒祭司集團與猶太群眾的巨大壓力，彼拉多終於採取了斷然措施，判定耶穌死刑。經過一整晚的被捕、審問、羞辱、鞭打與酷刑，耶穌為世人釘十字架的命運，就這樣定了。

至於背叛耶穌的加略人猶大，在彼拉多定罪耶穌時，他就後悔了，但大錯已然鑄成，罪已無法挽回。一如耶穌對彼拉多說的：「若不是從上頭賜給你的，你就毫無權柄辦我。所以，把我交給你的那人罪更重了。」

〈馬太福音〉二十七章記載猶大的結局：「賣耶穌的猶大看見耶穌已經定了罪，就後悔，把那三十塊錢拿回來給祭司長和長老，說：我賣了無辜之人的血是有罪了。他們說：那與我們有什麼相干？你自己承當吧！猶大就把那銀錢丟在殿裡，出去吊死了。」

彼拉多審問時，耶穌被殘忍的鞭打與戲弄，然後判定釘十字架。
Anthonis van Dyck, Christ Crowned with Thorns, 1620

彼得三次不認主

　　彼得三次不認主，是基督信仰非常著名的事蹟。在最後的晚餐時，耶穌就告訴彼得：「我實在告訴你，就在今天夜裡，雞叫兩遍以先，你要三次不認我。彼得卻極力地說：我就是必須和你同死，也總不能不認你。眾門徒都是這樣說。」

　　雖然彼得信誓旦旦的陳明自己的忠心，但是耶穌被逮捕，受審判，彼得真的如耶穌所說的，三次不認耶穌。〈馬可福音〉十四章記載：「彼得在下邊院子裡；來了大祭司的一個使女，見彼得烤火，就看著他，說：你素來也是同拿撒勒人耶穌一夥的。彼得卻不承認，說：我不知道，也不明白你說的是什麼。於是出來，到了前院，雞就叫了。那使女看見他，又對旁邊站著的人說：這也是他們一黨的。彼得又不承認。過了不多的時候，旁邊站著的人又對彼得說：你真是他們一黨的！因為你是加利利人。彼得就發咒起誓地說：我不認得你們說的這個人。立時雞叫了第二遍。彼得想起耶穌對他所說的話：雞叫兩遍以先，你要三次不認我。思想起來，就哭了。」

　　許多基督徒常常引用這故事，要以彼得為誡，不可失去信心。但是，當耶穌被捕，門徒四散時，彼得和約翰卻一直在旁游移不去，並尾隨到了大祭司的宅邸。其實，就耶穌的吩咐來看，祂早已知道這是人的軟弱，世人都是如此，但是當耶穌復活成真，顯現給世人時，真正的信心才會建立起來。所以，耶穌在最後晚餐時，已經吩咐門徒：「但我復活以後，要在你們以先往加利利去。」

一如耶穌的預言，彼得真的三次不認主。
Gerard Seghers,
Denial of Saint Peter,
1623

往各各他的路上

彼拉多判定耶穌十字架死刑的過程，〈馬可福音〉十五章記載：「彼拉多問他說：你是猶太人的王嗎？耶穌回答說：你說的是。祭司長告他許多的事。彼拉多又問他說：你看，他們告你這麼多的事，你什麼都不回答嗎？耶穌仍不回答，以致彼拉多覺得希奇。……彼拉多又說：那麼樣，你們所稱為猶太人的王，我怎麼辦他呢？他們又喊著說：把他釘十字架！彼拉多說：為什麼呢？他做了什麼惡事呢？他們便極力的喊著說：把他釘十字架！」

當雞叫了第二遍，彼得想起耶穌的話，就哭了。
Carl Bloch, Peter's Denial, 1880

當一切定案，彼拉多叫齊兵丁，又一次羞辱與折磨耶穌，〈馬可福音〉十五章說：「恭喜，猶太人的王啊！又拿一根葦子打他的頭，吐唾沫在他臉上，屈膝拜他。戲弄完了，就給他脫了紫袍，仍穿上他自己的衣服，帶他出去，要釘十字架。」

經過彼拉多戲弄與鞭打後，耶穌此時應該已經奄奄一息，從客西馬尼園被捕到現在，已經將近十二個小時，而一切都將要結束，〈約翰福音〉十九章記載：「約有午正。彼拉多對猶太人說：看哪，這是你們的王！他們喊著說：除掉他！除掉他！釘他在十字架上！……於是彼拉多將耶穌交給他們去釘十字架。他們就把耶穌帶了去。耶穌背著自己的十字架出來，到了一個地方，名叫髑髏地，希伯來話叫各各他。」

這是耶穌在世上行走的最後一段旅途，也就是一般稱呼的「苦路」。

「你們看這個人！（Ecce homo）」

Ecce homo 是宗教藝術非常著名題材，主題是彼拉多審判耶穌的故事。

Ecce homo 是拉丁文，出自〈約翰福音〉十九章：「耶穌出來，戴著荊棘冠冕，穿著紫袍。彼拉多對他們說：你們看這個人！」為了否認耶穌身分，彼拉多特別用這句話，向以色列人說：耶穌不是以色列救世主，只是個平凡的囚犯。

耶路撒冷舊城有座羅馬天主教堂，稱為荊冕堂，原文就是 Ecce Homo。荊冕堂位於著名的苦路之上，堂外有個跨越

耶路撒冷舊城苦路的第一站。

苦路（Via Dolorosa）

到耶路撒冷朝聖遊覽的人，不論是信徒與否，都會到舊城的苦路（Via Dolorosa）行走，追想耶穌走十架路的經歷。

現代苦路，是耶路撒冷舊城內約600 公尺的街道，有十四站：

一、安東尼亞堡：彼拉多審判耶穌。（可 15：6 ～ 20）

二、鋪華石處：耶穌背起十架。（約 19：17）

三、十架沉重，耶穌首次跌倒。

四、馬利亞遇見耶穌之後，耶穌跌倒在地。

五、古利奈人西門被迫為耶穌背負十架（可 15：21）

六、維羅妮卡為耶穌抹去汗血。

七、耶穌第二次跌倒。

八、耶穌對耶路撒冷的婦女說話。（路 23：27 ～ 31）

苦路的古羅馬拱門，天主教傳統認為這是彼拉多審判耶穌的地點，就是在此，彼拉多說了「你們看這個人！」這句話。但根據考古發掘，這個拱門是由羅馬帝國第十四任皇帝哈德良（Publius Aelius Traianus Hadrianus Augustus，76～138）興建，完成於耶穌被釘死七十年後。

「你們看這個人」是西方藝術重要的題材。
Bartolomé Esteban Murillo, Ecce Homo, 1670

九、耶穌第三次跌倒。

十、髑髏地：耶穌被剝去衣服。（可 15：24）

十一、髑髏地：耶穌被釘十架。（可 15：24）

十二、髑髏地：耶穌死在十架上。（可 15：37）

十三、髑髏地：耶穌的身體從十架被取下來。（可 15：46）

十四、聖墓堂：耶穌的身體被安葬在亞利馬太人約瑟的新墳墓中。（可 15：46）

　　苦路源起於十四世紀，聖方濟會管理聖地時，特別為朝聖者設計的。苦路的設置並沒有按照聖經記載，還包括了教會傳統、民間傳說，設計者靈感以及信徒朝聖的經驗，嚴謹地說，苦路是「信心的地理」（geography of faith），有著歷代基督徒的追思與感念，不能只單純的從考古和歷史考證來討論。

耶穌走向各各他的路程，就是著名的「苦路」。
Eugène Burnand, La Voie Douloureuse (Via Dolorosa), 1905

耶穌被釘十字架

　　耶穌被釘十字架的時間，大約是早上九點左右，〈馬可福音〉十五章記載：「他們帶耶穌到了各各他地方（各各他翻出來就是髑髏地），拿沒藥調和的酒給耶穌，他卻不受。於是將他釘在十字架上，拈鬮分他的衣服，看是誰得什麼。釘他在十字架上是巳初的時候。」巳初，就是早上九點左右。從客西馬尼園被捕到現在，耶穌已經歷十個小時的審判，鞭打，嘲弄以及背起十字架行走苦路，這已是一個人身體能忍受的最大極限，但是緊接而來的是十字架殘忍的酷刑。

　　在耶穌被釘十字架時，彼拉多又做了一件事，在十字架上立一塊牌子。〈約翰福音〉十九章記載：「彼拉

十字架是最羞辱、最殘忍的刑罰，卻因為耶穌的復活，成為人類希望的象徵。
Rembrandt, The lamentation over the dead Christ, 1635

多又用牌子寫了一個名號，安在十字架上，寫
的是：猶太人的王，拿撒勒人耶穌。」

　　為了摧毀耶穌「猶太人的王」的形象，
彼拉多在牌子上寫著：「INRI」。這是拉丁文
「IESVS NAZARENVS REX IVDAEORVM」的簡
寫，中文的意思是：「猶太人的王，拿撒勒人
耶穌。」後世許多描繪耶穌受難的圖中，常見
十字架上有這個牌子。

　　為了傳知所有人，並鼓勵人們譏諷嘲笑耶
穌，這個牌子用希伯來文、希臘文及拉丁文三
種語言寫成。猶太人的大祭司對此並不滿意，
對彼拉多說：「不要寫猶太人的王，要寫他自
己說：我是猶太人的王。」彼拉多回絕了這個要求，他
告訴大祭司：「我所寫的，我已經寫上了。」

　　「猶太人的王啊！」是耶穌背負的極沉重的負擔，
也是羅馬與希律王深深忌憚的身分，然而，耶穌所說的
「王」，是指天國的位分，不是世上的國，這是復活之
後，世人才逐漸明白的真理。所以耶穌回答彼拉多說：
「你說的是。」有著非常深刻的涵義。

十字架上的 INRI 是羅
馬人與猶太人最大的
威脅。
Léon Bonnat, Christ on
the Cross, 1874

十字架上的七句話

　　根據四本福音書的記載，耶穌在十字架上說了七句
話，就是著名的「十架七言」，這七句話分別是：
　　「父啊，赦免他們，因為他們所作的，他們不曉得。」
　　「我實在告訴你，今日你要同我在樂園裡了。」
　　「母親（原文是婦人），看，你的兒子……看，你
的母親！」
　　「以利！以利！拉馬撒巴各大尼？（我的神！我的

周五早上九點左右，
耶穌被釘上十字架。
Jacopo Tintoretto,
Crocifissione, 1565

神！為什麼離棄我？）」

「我渴了。」

「成了。」

「父啊，我將我的靈交在你手裡。」

依照福音書完成的年代排列，越早的福音書中，耶穌在十字架上說的話越簡單。在〈馬可福音〉和〈馬太福音〉中，耶穌在十字架上，一直緘默著，從頭至尾只說了一句話。

「申初的時候，耶穌大聲喊著說：以羅伊！以羅伊！拉馬撒巴各大尼？翻出來就是：我的神！我的神！為什麼離棄我？」（〈馬可福音〉十五章）

「約在申初，耶穌大聲喊著說：以利！以利！拉馬撒巴各大尼？就是說：我的神！我的神！為什麼離棄我？」（〈馬太福音〉二十七章）

兩處都說耶穌是在「申初」的時候死亡，也就是下午三點左右。兩句話的意思也幾乎完全一樣。

〈路加福音〉二十三章中，耶穌在十字架上說了三句話：「當下耶穌說：父啊！赦免他們；因為他們所做的，他們不曉得。」、「耶穌對他說：我實在告訴你，今日

你要同我在樂園裡了。」、「耶穌大聲喊著說：父啊！我將我的靈魂交在你手裡。說了這話，氣就斷了。」

　　第一句話非常有名，是耶穌對著所有陷害祂的人所說。

　　第二句是因為〈路加福音〉多記載兩個強盜故事。這兩個強盜一左一右，被釘在耶穌旁邊的十字架，其中一位竟然還能嘲笑耶穌說：「你不是基督嗎？可以救自己和我們吧！」另一位卻責備他：「你既是一樣受刑的，還不怕神嗎？我們是應該的，因我們所受的與我們所做的相稱，但這個人沒有做過一件不好的事。」說完這句話，這位強盜懇求耶穌：「耶穌啊，你得國降臨的時候，求你記念我！」於是耶穌對他說：「我實在告訴你，今日你要同我在樂園裡了。」

　　第三句話「耶穌大聲喊著說：父啊！我將我的靈魂交在你手裡。說了這話，氣就斷了。」是耶穌斷氣時的話，和前兩本福音書是一樣的意思。

　　最晚完成的〈約翰福音〉也說了三句話，「母親，看，你

耶穌與兩個強盜的對話，有著極深刻的意涵。
Antonello da Messina, Calvary, 1475

的兒子……看，你的母親」、「我渴了」、「成了」，
卻比前三卷書多了兩個情節。

第一個情節是耶穌將母親馬利亞交託給「所愛的門
徒」約翰。〈約翰福音〉十九章記載：「耶穌見母親和
他所愛的那門徒站在旁邊，就對他母親說：母親（原文
作婦人），看，你的兒子！又對那門徒說：看，你的母
親！從此，那門徒就接她到自己家裡去了。」

這是耶穌對母親的紀念與照顧，也是祂在人世最後
的牽掛，當祂吩咐完畢：「這事以後，耶穌知道各樣的
事已經成了。」

第二個情節是耶穌說：「我渴了。」這句話是源自
於〈詩篇（聖詠集）〉六十九篇大衛說道：「我渴了，
他們拿醋給我喝。」因此，這句話其實是耶穌陳明祂的
身分：「大衛的子孫，猶太人的王。」就如四天前，耶
穌進入耶路撒冷時，群眾們高聲歡呼著：「和散那歸於
大衛的子孫！奉主名來的是應當稱頌的！高高在上和散
那！」

〈約翰福音〉描述耶穌死亡的情景，和前三本福音
書大不相同：「耶穌嘗了那醋，就說：成了！便低下頭，
將靈魂交付神了。」耶穌說的「成了！」，是指上帝交
付祂的任務成了，當然，這還包含著三天之後的「復
活」。

耶穌斷氣的時間是下午三時，〈馬可福音〉和〈路
加福音〉記載：「遍地都黑暗了。」、「殿裡的幔子從
上到下裂為兩半。」不過，〈馬太福音〉二十七章，卻
多了一段記載：「忽然，殿裡的幔子從上到下裂為兩半，
地也震動，磐石也崩裂，墳墓也開了，已睡聖徒的身體
多有起來的。到耶穌復活以後，他們從墳墓裡出來，進
了聖城，向許多人顯現。」

這段記載說地震之後，「墳墓也開了，已睡聖徒的

身體多有起來的。」作者馬太說的「已睡的聖徒」，是指舊約中上帝的子民，而敘述的似乎是指正當耶穌死亡之時。但是，在下一句說：「到耶穌復活以後，他們從墳墓裡出來，進了聖城，向許多人顯現。」顯然是指耶穌復活之後，而不是耶穌死亡之時。因此，馬太這段敘述應該是在應證舊約〈以賽亞書（依撒意亞）〉二十六章說的：「死人（原文是你的死人）要復活，屍首（原文是我的屍首）要興起。睡在塵埃的啊，要醒起歌唱！因你的甘露好像菜蔬上的甘露，地也要交出死人來。」陳明耶穌的復活是末日的盼望，所有死去的上帝的子民都會一起復活。而馬太在書寫時，並沒有依照時間的序列陳述，以至於經文有著難解之處。

十字架上的耶穌看到的是什麼？
James Tissot, Crucifixion, seen from the Cross, 1890

安葬耶穌的人

　　耶穌被安葬，是在週五晚上，因為週六是猶太人的安息日，律法規定不能做任何事。如果沒有即時處理，任憑耶穌屍體暴露在荒野中，難以想像會發生怎樣的事情。如何安排耶穌的屍體，成為極大的挑戰，因為經過巨大的震撼與驚嚇，要想取得耶穌的屍體以及妥善安葬，無疑需要極大的勇氣和決心。

　　耶穌在十字架上死亡時，在一旁觀看的是隨從的婦女，〈馬太福音〉二十七章記載：「有好些婦女在那裡，遠遠的觀看；他們是從加利利跟隨耶穌來服事他的。內中有抹大拉的馬利亞，又有雅各和約西的母親馬利亞，並有西庇太兩個兒子的母親。」

　　這群婦女不只目睹耶穌走向各各他以及死亡，她

亞利馬太的約瑟和尼哥底母是安葬耶穌最重要的兩個人。
Robert von Langer, The Entombment, 1829

們也將是最早見證耶穌復活
的人。但是，因為猶太社會
中，婦女地位甚低，因此，
她們沒有權利向官方要求取
得耶穌的屍體。到了週五的
晚間，終於有一位耶穌的信
徒挺身而出。〈約翰福音〉
十九章記載：「這些事以後，
有亞利馬太人約瑟，是耶穌
的門徒，只因怕猶太人，就
暗暗的作門徒。他來求彼拉
多，要把耶穌的身體領去。
彼拉多允准，他就把耶穌的
身體領去了。又有尼哥底母，

耶穌被安葬於亞
利馬太約瑟的新
墓穴中，三天
後，從死裡復
活。
El Greco, The
entombment of
Christ, 1614

就是先前夜裡去見耶穌的，帶著沒藥和沉香約有一百斤
前來。他們就照猶太人殯葬的規矩，把耶穌的身體用細
麻布加上香料裹好了。在耶穌釘十字架的地方有一個園
子，園子裡有一座新墳墓，是從來沒有葬過人的。只因
是猶太人的預備日，又因那墳墓近，他們就把耶穌安放
在那裡。」

　　亞利馬太約瑟（若瑟 · 阿黎瑪特雅）成為主持耶
穌安葬的人，他不僅向彼拉多領取了耶穌的身體，細
心地按照猶太習俗清洗包裹後安葬，而〈馬太福音〉
二十七章特別說明，約瑟是將耶穌的身體「安放在自己
的新墳墓裡。」安葬結束後，並有「抹大拉的馬利亞和
約西的母親馬利亞都看見安放他的地方。」而且，抹大
拉馬利亞在墓前守候終夜。

　　除了亞利馬太約瑟，另一位耶穌的信徒尼哥底母也
參與了這件事。「又有尼哥底母，就是先前夜裡去見耶
穌的，帶著沒藥和沉香約有一百斤前來。」一百斤的沒

藥和沉香，約有三十公斤，這樣的份量是猶太人埋葬王室的禮儀，由此可以看出約瑟和尼哥底母是以怎樣的位分看待耶穌。而數量如此龐大的珍貴藥材，絕非短時間之內可以預備妥當的，因此約瑟與尼哥底母很可能私下已經有密切的聯絡，約瑟負責法律程序，尼哥底母負責埋葬所需要的香料，所以才能在極短的時間內處理完成。

〈約翰福音〉十九章特別說明：「又有尼哥底母，就是先前夜裡去見耶穌的。」這事發生在耶穌剛開始傳道時。〈約翰福音〉第三章記載：「有一個法利賽人，名叫尼哥底母，是猶太人的官。這人夜裡來見耶穌，說：拉比，我們知道你是由神那裡來作師傅的；因為你所行的神蹟，若沒有神同在，無人能行。耶穌回答說：我實實在在地告訴你，人若不重生，就不能見神的國。」

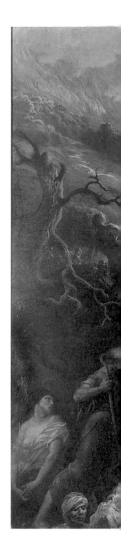

也就是在這次的深談中，耶穌向尼哥底母說出了：「神愛世人，甚至將他的獨生子賜給他們，叫一切信他的，不致滅亡，反得永生。」這句話幾乎是基督信仰最重要的真理，而第一位聽聞這個真理的，便是尼哥底母。

此外，當耶穌在耶路撒冷過住棚節時，祭司長企圖抓捕耶穌未果時，尼哥底母便曾挺身為耶穌辯護，〈約翰福音〉七章記載：「內中有尼哥底母，就是從前去見耶穌的，對他們說：不先聽本人的口供，不知道他所做的事，難道我們的律法還定他的罪嗎？他們回答說：你也是出於加利利嗎？你且去查考，就可知道加利利沒有出過先知。」

　　尼哥底母質問的是法律的規定：「不先聽本人的口供，不知道他所做的事，難道我們的律法還定他的罪嗎？」而祭司集團的回答卻是主觀的揶揄和歧視，事實上，耶穌整個受難過程中，便完全是違法與不公義的。

　　從客西馬尼園被逮捕、審判與鞭打；耶穌背起十字架走向各各他；耶穌被釘十字架、死亡；被移下十字架、安葬，耶穌受難的經過不到二十四小時。這一天，是人類歷史中最黑暗的一天，但是，三天之後復活的耶穌將擦去所有人的淚水，帶給人類永恆的盼望。

耶穌雖然死在十字架上，但三天後復活，帶給人們永恆的盼望。
Gustave Doré, The Vale of Tears, 1883

第三章圖錄

你們看這個人（Ecce homo）

　　Ecce homo 是基督信仰非常著名的藝術題材。這個詞的出處是羅馬總督彼拉多審判耶穌，對群眾所說的一句話。

　　歷代以來，對於耶穌的具體形象一直未有定論。著名的杜林裹屍布（Shroud of Turin）以及維洛尼卡聖帕（Veil of St.Veronica），都有明顯疑問與爭議，難以憑據。因此，歷代畫家都憑著自己的領受與想像繪製這個主題，呈顯了百花齊放，令人動容的景象。

　　圖錄中，141 頁 Karl Wilhelm Diefenbach 繪製於 1887 年的作品，全圖布局在左下部分，有一大塊顯著的空白，這是作者在此以德文寫下耶穌臨刑時所說的一句話：「父啊，赦免他們！因為他們所做的他們不曉得。」這句話記載於〈路加福音〉二十三章，使整幅畫具有極特殊的涵義。

Bartolomé Esteban Murillo, Ecce Homo, 1670

Peter Paul Rubens, Crown of Thorns (Ecce Homo), 1612

60.

Antonello da Messina, Christ at the Column, 1476

Andrea Solario,
Ecce Homo, 1506

Jan Provoost
(1462-1529),
Ecce Homo

Antonio da Correggio, Head of Christ, 1530

Titian, Ecce Homo, 1547

Maarten van Heemskerck, Christ as the Man of Sorrows, 1550

Titian, Ecce Homo, 1560

Lucas van Leyden, Inner left wing of a diptych with Christ as the Man of Sorrows, 1573

Jan Cossiers, Ecce Homo, 1620

Juan de Juanes,
Ecce Homo, 1570

Bartolomé Esteban
Murillo (1618 – 1682),
Ecce Homo

Andrea Mantegna, Ecce Homo, 1500

Karl Wilhelm
Diefenbach Vater
verzeih Ihnen,
1887
本圖左下方空白
處，畫家寫著耶
穌的話：「父啊！
赦免他們；因為
他們所做的，他
們不曉得。」

Lucas Cranach d.
Ä., Head of Christ
Crowned with
Thorns, 1510

Otto Mengelberg, Ecce Homo, 1857

Mateo Cerezo, Ecce Homo, 1650

第四章

《聖經》中的復活

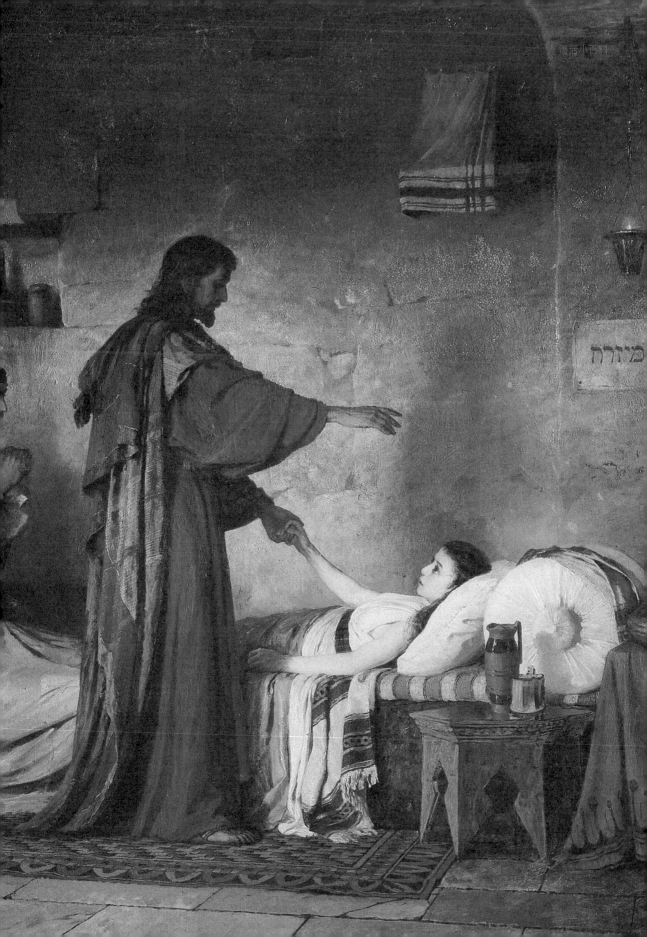

在《聖經》的記載中，有許多復活的事蹟與啟示，事蹟是指真實發生的復活事件；啟示是指從舊約到新約，上帝不斷告訴人類復活的真實，以及祂掌握生與死的本質與權能。關於啟示部分，卷帙浩繁，神學意義龐大且複雜，無法詳述，只能引證。此處我們從《聖經》具體的記載探討。

《聖經》中記載復活的事件，如下表。這張表中，復活事件共有十一次，舊約有四次，新約有七次，其中，耶穌有五次。

《聖經》中的復活總表

次數	事件	主角	經文	備註
1	西頓寡婦之子復活	以利亞（舊約先知）	王上十七：17～24	當天
2	書念婦人之子復活	以利沙（舊約先知）	王下四：16～37	當天
3	墳上的死人復活	以利沙（舊約先知）	王下十三：20～21	當天
4	見骸骨復活成軍	以西結（舊約先知）	結三十七：1～10	枯骨復活
5	管會堂的女兒復活	耶穌	太九：18、23～25 路八：41～56 可五：22～24、35～43	當天
6	拿因城寡婦之子復活	耶穌	路七：11～15	當天
7	拉撒路復活	耶穌	約十一：1～44	死後四天
8	耶穌復活	耶穌	太二十八 可十六 路二十四 約二十	死後三天
9	死人從墳墓出來，向許多人顯現。	耶穌	太二十七：53	枯骨復活
10	大比大（多加）復活	彼得（新約使徒）	徒九：36～41	當天
11	猶推古復活	保羅（新約使徒）	徒二十：9～12	當天

是誰使人復活？

最早的記載是先知以利亞（Elijah，厄里亞）使西頓寡婦（the widow of Zarephath）之子復活；先知以利沙（Elisha，厄里叟）有兩次，分別是使書念婦人之子（the Shunammite woman）和墳上枯骨復活；再來是先知以西結（Ezekiel，厄則克耳）見到曠野中的骸骨復活成軍（Vision of the Valley of Dry Bones）。

這些事件中，有個重要的訊息──先知本身並沒有使人復活的能力，他們不是「行出」，而是「參與」了復活的事件。

以利亞使孩子復活，靠的是向上帝禱告。〈列王紀上〉十七章記載：「以利亞三次伏在孩子的身上，求告耶和華說：耶和華──我的神啊，求你使這孩子的靈魂仍入他的身體！耶和華應允以利亞的話，孩子的靈魂仍入他的身體，他就活了。」

以利沙的復活能力，也是來自禱告，〈列王紀下〉四章說：「他就關上門，只有自己和孩子在裡面，他便祈禱耶和華，上床伏在孩子身上，口對口，眼對眼，手對手；既伏在孩子身上，孩子的身體就漸漸溫和了。然後他下來，在屋裡來往走了一趟，又上去伏在孩子身上，孩子打了七個噴嚏，就睜開眼睛了。」

以利沙和以西結使枯骨復活的神蹟，與他們本身並無關

關於復活，《聖經》最早的記載是先知以利亞使西頓寡婦之子復活。
Jan Victors, Elijah and the widow of Zarephath, 1640

先知以利亞使
西頓寡婦之子
復活。
Ford Madox
Brown, Elijah
and the
Widow's Son,
1864

連。事件發生當時，「以利沙死了，人將他葬埋。」

而以西結則是：「耶和華的靈（原文是手）降在我身上。耶和華藉他的靈帶我出去，將我放在平原中；這平原遍滿骸骨。」

三位先知都經歷復活的事件，但顯然，他們都沒有使人復活的能力，真正使人復活的是耶和華。一如〈以賽亞書〉二十六章說：「死人要復活，屍首要興起。睡在塵埃的啊，要醒起歌唱！因你的甘露好像菜蔬上的甘露，地也要交出死人來。」

新約中，使徒彼得使大比大（Tabitha，塔彼達）復活，保羅使猶推古（Eutychus，厄烏提客）復活，也都不是依靠他們自己的能力。

彼得使大比大復活的情形，〈使徒行傳〉九章記載：「彼得叫她們都出去，就跪下禱告，轉身對著死人說：大比大，起來！她就睜開眼睛，見了彼得，便坐起來。」

〈使徒行傳〉二十章記載保羅使猶推古復活的過程是：「保羅下去，伏在他身上，抱著他，說：你們不要發慌，他的靈魂還在身上。保羅又上去，擘餅，吃了，談論許久，直到天亮，這才走了。有人把那童子活活地領來，得的安慰不小。」

雖然保羅的情節中沒有明說他有禱告，但與舊約記載以利亞和以利沙一樣：「保羅下去，伏在他身上。」因此，可以非常合理的推斷，保羅伏在猶推古身上時，應該也有禱告。

新約中的使徒就像舊約的先知一樣，他們雖然都「參與」了使人復活的事蹟，但顯然不是他們本身的能力，使人復活的是上帝。

還有一個重點是，無論先知、使徒或是復活的人，好比大比大、猶推古，所有人最終都還是歸於死亡，並沒有一直活著。當然，也許他們已經有著另外的生命，

但是我們只能以信心來猜測與相信，而無法在真實中體驗。

唯一例外的是耶穌，祂不僅能使人復活，更能使自己復活，而且一直活著。因此，是誰使人復活？答案其實已經很清楚，一如耶穌在〈約翰福音〉第五章所說：「我實實在在的告訴你們，時候將到，現在就是了，死人要聽見神兒子的聲音，聽見的人就要活了。因為父怎樣在自己有生命，就賜給他兒子也照樣在自己有生命，並且因為他是人子，就賜給他行審判的權柄。你們不要把這事看作希奇。時候要到，凡在墳墓裡的，都要聽見他的聲音，就出來；行善的，復活得生；作惡的，復活定罪。」

拉撒路復活了

拉撒路（Lazarus，拉匝祿）復活是耶穌在世間所行的最大的神蹟。

《聖經》中關於復活的記載，以現代科學對死亡

拉撒路復活，是耶穌在世所行最奧祕的神蹟。
Pieter Lastman, The Raising of Lazarus, 1622

的定義，可以從瀕死經驗（Near Death Experience，簡稱NDE）與腦死（Brain death）來比對。簡單說，拉撒路是完全徹底死亡之後，再依靠耶穌的權能，以原來的身體復活，和其他的案例完全不同。相對來說，耶穌也是死亡三天後再復活，但是，耶穌是使人復活的彌賽亞，自然不能從世人的生命現象來看待。[註一]

首先，所有復活記載中，除了三件由上帝與耶穌施行的枯骨復活，以及耶穌自己的復活之外，其餘的事件，或是在病危，或是在死亡當天得救。唯獨拉撒路是死亡四天之後，甚至〈約翰福音〉十一章記載拉撒路的姊姊馬大對耶穌說：「主啊，他現在必是臭了，因為他死了已經四天了。」馬大說得很透徹，屍體都已經「臭了」，當然不必考慮是否瀕死或腦死了，也因此格外凸顯了拉撒路復活的重要意義。[註二]

註一：

從生命科學的角度探索耶穌復活，是非常重要的議題。生命科學家、清華大學講座教授潘榮隆牧師，有非常深入與精闢的研究，請參見以下各文：

1、〈當答案揭曉時——論耶穌復活〉，潘榮隆，2017 年宇宙光復活節專刊《十字架，復活的源頭》

2、〈吾生也有涯〉，潘榮隆，《宇宙光》雜誌「韓偉紀念講座」，2018 年 11 月號。

3、〈死，是為了活〉，潘榮隆，2019 年宇宙光復活節專刊《耶穌復活，與我何干？》。

註二：

《聖經》中記載拉撒路復活的經文，請參見〈約翰福音〉十一章1～44 節。

本書基本原則是儘量詳列《聖經》原文出處，配以大量圖錄，便利讀者的閱讀與查考，但是拉撒路復活的《聖經》經文字數太過龐大，將近兩千餘字，因此僅列出篇章名稱，不列出完整的經文。

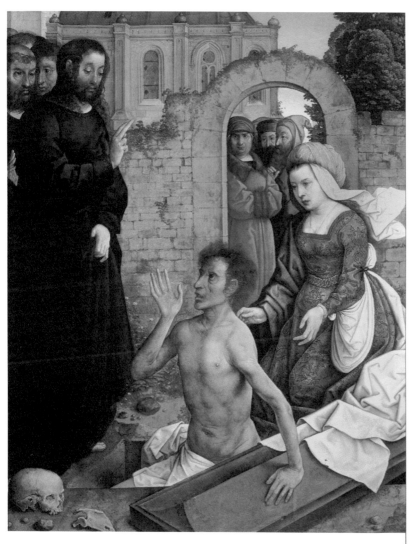

耶穌使死亡四天，身體已經「發臭」的拉撒路復活，震驚了所有人。
Herodias Juan de Flandes, Resurrection of Lazarus, 1519

一個人替百姓死

　　其次，耶穌使拉撒路復活，是在告訴祂的門徒與世人，不久之後，祂自己也將從死裡復活。事實上，耶穌使拉撒路復活雖然使很多人都深深感到稀奇，進而相信與追隨耶穌。相對的，也大大震驚了猶太的祭司集團，他們原本就已經深深忌憚耶穌，畏懼祂在猶太群眾中不斷擴散的影響力，開始規劃要逮捕耶穌，乃至於除掉這個影響他們統治權利的拿撒勒人。耶穌自己也深知這個

不只耶穌，耶穌的敵人要一併除去拉撒路，徹底摧毀耶穌所行的復活神蹟。
Nicolas Bertin (1667～1736), La résurrection de Lazare

狀況，因此祂避開祭司集團布下的羅網，遠離耶路撒冷。〈約翰福音〉十一章說：「所以耶穌不再顯然行在猶太人中間，就離開那裡往靠近曠野的地方去，到了一座城、名叫以法蓮，就在那裡和門徒同住。」

而如今，耶穌竟然毫不畏懼的在伯大尼行使了這個神蹟，等於是公開挑戰所有企圖陷害祂的敵人。而祂的敵人也由此下定決心，一定要除掉耶穌。〈約翰福音〉十一章說：「祭司長和法利賽人聚集公會，說：這人行好些神蹟，我們怎麼辦呢？若這樣由著他，人人都要信他，羅馬人也要來奪我們的地土和我們的百姓。內中有一個人，名叫該亞法，本年作大祭司，對他們說：你們不知道什麼。獨不想一個人替百姓死，免得通國滅亡，就是你們的益處。」

不只耶穌，耶穌的敵人連拉撒路也想一併除去，徹底摧毀耶穌在伯大尼所行的復活的神蹟。

耶穌從遠離的行動，到公開使拉撒路復活，說明一件事實：耶穌完全掌握所有，無論是受難，或是復活。遠離，是因為祂的時間還沒有到，拉撒路的復活，是耶穌宣告：祂的時間已經到了。換言之，耶穌是真正使人復活的「上帝之子」。

拉撒路復活是耶穌的宣告，這宣告包括祂受難以及復活，完成祂在世上的任務的真實。整個過程中，耶穌至少曾經三次明白的告訴門徒這個真相，但他們顯然沒有真正明瞭耶穌的話語，一直糾纏於世上的種種利益。

若有人要跟從我

關於耶穌對門徒的提示，聖經有非常多的記載，〈馬可福音〉八章、九章、十章，這三章都記載了耶穌與門徒的互動。

在第八章裡，耶穌教訓門徒說：「人子必須受許多的苦，被長老、祭司長，和文士棄絕，並且被殺，過三天復活。」門徒的反應是：「彼得就拉著他，勸他。」耶穌回答：「撒但，退我後邊去吧！因為你不體貼神的意思，只體貼人的意思。於是叫眾人和門徒來，對他們說：若有人要跟從我，就當捨己，背起他的十字架來跟從我。」這是耶穌第一次，明明白白告訴門徒受難與復

十九世紀梵谷所繪的拉撒路復活。
Vincent van Gogh, The raising of Lazarus, 1890

活的訊息，但門徒顯然沒有體會「背起十字架」的真義。

〈馬可福音〉九章，耶穌的二次提醒門徒，而這段記載實在很精彩。「他們離開那地方，經過加利利；耶穌不願意人知道。於是教訓門徒，說：人子將要被交在人手裡，他們要殺害他；被殺以後，過三天他要復活。」門徒的反應是：「門徒卻不明白這話，又不敢問他。」

門徒為什麼不明白？因為他們在想別的事。馬可的寫法實在高明：「他們來到迦百農，耶穌在屋裡問門徒說：你們在路上議論的是什麼？門徒不作聲，因為他們在路上彼此爭論誰為大。」

耶穌第三次提醒門徒，在〈馬可福音〉第十章中記載得淋漓盡致：「耶穌又叫過十二個門徒來，把自己將要遭遇的事告訴他們說：看哪，我們上耶路撒冷去，人子將要被交給祭司長和文士，他們要定他死罪，交給外邦人。他們要戲弄他，吐唾沫在他臉上，鞭打他，殺害他。過了三天，他要復活。」

在此，耶穌對自己受難的過程已經訴說得鉅細靡遺，馬可對門徒的反應寫得也越發明白露骨。「西庇太的兒子雅各、約翰進前來，對耶穌說：夫子，我們無論求你什麼，願你給我們做。耶穌說：要我給你們做什麼？他們說：賜我們在你的榮耀裡，一個坐在你右邊，一個坐在你左邊。」

十七世紀林布蘭特所繪的拉撒路復活。
Rembrandt, The Raising of Lazarus, 1632

雞叫後，彼得想起耶穌的預言，痛苦悔恨。
Jan van der Venne, Denial of Saint Peter, 1651

　　甚至於到了逾越節的最後晚餐，〈馬可福音〉十四章記載，耶穌對彼得說：「我實在告訴你，就在今天夜裡，雞叫兩遍以先，你要三次不認我。彼得卻極力地說：我就是必須和你同死，也總不能不認你。眾門徒都是這樣說。」

　　至此，耶穌四次的提醒與教導，完全落空。但是，要背起自己的十字架跟隨耶穌，本就是千古難題！

一瓶香膏的啟示

　　這時另一事件，彰顯了耶穌預言的真實。當耶穌在伯大尼大痲瘋西門家坐席時，拉撒路的姊姊馬利亞獻上香膏，膏抹耶穌。〈約翰福音〉十二章說：「逾越節前六日，耶穌來到伯大尼，就是他叫拉撒路從死裡復活之處。有人在那裡給耶穌預備筵席；馬大伺候，拉撒路也在那同耶穌坐席的人中。馬利亞就拿著一斤極貴的真哪噠香膏，抹耶穌的腳，又用自己頭髮去擦，屋裡就滿了膏的香氣。」

　　為死去的人塗抹香膏是猶太人傳統葬俗，耶穌也明白地說：「由她吧！她是為我安葬之日存留的。因為常有窮人和你們同在，只是你們不常有我。」

　　這事件清楚說明：馬利亞明確收到耶穌傳遞的訊息，她已經在為耶穌的安葬做準備。當所有人依舊昏暗懵懂時，馬利亞那瓶價值三十兩銀子的貴重香膏，表明她已經相信耶穌就是使人復活的彌賽亞。在復活的真實信心中，馬利亞可能是第一個相信耶穌復活的基督徒。

　　拉撒路復活是耶穌所行的最重大的神蹟，蘊藏著極其深刻與豐富的意義，我們應該這麼說：唯有使人復活的，三位一體的真神，才能行出這樣精密與充滿戲劇張力的事件。

耶穌在伯大尼大痲瘋西門家坐席，馬利亞以香膏膏抹耶穌。
Artus Wolffort (1581-1641), Christ in the house of Simon the Pharisee

拉撒路的復活，使敵對的猶太人下定決心要殺掉耶穌。
Jan Verhas, The raising of the widow's son in Nain, 1860

《聖經》中的復活經文

以利亞使寡婦西頓之子復活

〈列王紀上〉十七：17～24

　　這事以後，作那家主母的婦人，他兒子病了；病得甚重，以致身無氣息。婦人對以利亞說：神人哪，我與你何干？你竟到我這裡來，使神想念我的罪，以致我的兒子死呢？以利亞對她說：把你兒子交給我。以利亞就從婦人懷中將孩子接過來，抱到他所住的樓中，放在自己的床上，就求告耶和華說：耶和華——我的神啊，我寄居在這寡婦的家裡，你就降禍與她，使她的兒子死了嗎？以利亞三次伏在孩子的身上，求告耶和華說：耶和

華——我的神啊，求你使這孩子的靈魂仍入他的身體！耶和華應允以利亞的話，孩子的靈魂仍入他的身體，他就活了。以利亞將孩子從樓上抱下來，進屋子交給他母親，說：看哪，你的兒子活了！婦人對以利亞說：現在我知道你是神人，耶和華藉你口所說的話是真的。

以利沙使書念之子復活

〈列王紀下〉四：16～37

以利沙說：明年到這時候，你必抱一個兒子。她說：神人，我主啊，不要那樣欺哄婢女。婦人果然懷孕，到了那時候，生了一個兒子，正如以利沙所說的。孩子漸漸長大，一日到他父親和收割的人那裡，他對父親說：我的頭啊，我的頭啊！他父親對僕人說：把他抱到他母親那裡。僕人抱去，交給他母親；孩子坐在母親的膝上，到晌午就死了。他母親抱他上了樓，將他放在神人的床上，關上門出來，呼叫她丈夫說：你叫一個僕人給我牽一匹驢來，我要快快地去見神人，就

先知以利沙使墳上枯骨復活。
Jan Nagel, The Miracle at the Grave of Elisha, 1596

回來。丈夫說：今日不是月朔，也不是安息日，你為何要去見他呢？婦人說：平安無事。於是備上驢，對僕人說：你快快趕著走，我若不吩咐你，就不要遲慢。婦人就往迦密山去見神人。神人遠遠地看見她，對僕人基哈西說：看哪，書念的婦人來了！你跑去迎接她，問她說：你平安嗎？你丈夫平安嗎？孩子平安嗎？她說：平安。婦人上了山，到神人那裡，

先知以利沙使書念婦人之子復活。
Jan Pynas or Tengnagel, Elisha and the Shunammite woman, 1635

就抱住神人的腳。基哈西前來要推開她，神人說：由她吧！因為她心裡愁苦，耶和華向我隱瞞，沒有指示我。婦人說：我何嘗向我主求過兒子呢？我豈沒有說過，不要欺哄我嗎？以利沙吩咐基哈西說：你束上腰，手拿我的杖前去；若遇見人，不要向他問安；人若向你問安，也不要回答；要把我的杖放在孩子臉上。孩子的母親說：我指著永生的耶和華，又敢在你面前起誓，我必不離開你。於是以利沙起身，隨著她去了。基哈西先去，把杖放在孩子臉上，卻沒有聲音，也沒有動靜。基哈西就迎著以利沙回來，告訴他說：孩子還沒有醒過來。以利沙來到，進了屋子，看見孩子死了，放在自己的床上。他就關上門，只有自己和孩子在裡面，他便祈禱耶和華，上床伏在孩子身上，口對口，眼對眼，手對手；既伏在孩子身上，孩子的身體就漸漸溫和了。然後他下來，在屋裡來往走了一趟，又上去伏在孩子身上，孩子打了七個噴嚏，就睜開眼睛了。以利沙叫基哈西說：你叫這書念婦人來；於是叫了她來。以利沙說：將你兒子抱起來。婦人就進來，在以利沙腳前俯伏於地，抱起她兒子出去了。

以利沙墳上的死人復活

〈列王紀下〉十三：20 ～ 21

以利沙死了，人將他葬埋。到了新年，有一群摩押人犯境，有人正葬死人，忽然看見一群人，就把死人拋在以利沙的墳墓裡，一碰著以利沙的骸骨，死人就復活，站起來了。

以西結見骸骨復活成軍

〈以西結書〉三十七：1 ～ 10

耶和華的靈（原文是手）降在我身上。耶和華藉他的靈帶我出去，將我放在平原中；這平原遍滿骸骨。他

先知以西結眼見曠野中的枯骨復活。
Quentin Metsys, The Younger Ezekiel's Vision of the Valley of Dry Bones, 1589

使我從骸骨的四圍經過，誰知在平原的骸骨甚多，而且極其枯乾。他對我說：人子啊，這些骸骨能復活嗎？我說：主耶和華啊，你是知道的。他又對我說：你向這些骸骨發預言說：枯乾的骸骨啊，要聽耶和華的話。

曠野中的枯骨復活，是《聖經》舊約中關於復活非常重要的啟示。
Gustave Doré
Ezekiel The Vision of The Valley of The Dry Bones 1866

主耶和華對這些骸骨如此說：我必使氣息進入你們裡面，你們就要活了。我必給你們加上筋，使你們長肉，又將皮遮蔽你們，使氣息進入你們裡面，你們就要活了；你們便知道我是耶和華。於是，我遵命說預言。正說預言的時候，不料，有響聲，有地震；骨與骨互相聯絡。我觀看，見骸骨上有筋，也長了肉，又有皮遮蔽其上，只是還沒有氣息。主對我說：人子啊，你要發預言，向風發預言，說主耶和華如此說：氣息啊，要從四方（原文是風）而來，吹在這些被殺的人身上，使他們活了。於是我遵命說預言，氣息就進入骸骨，骸骨便活了，並且站起來，成為極大的軍隊。

主耶穌使管會堂女兒復活
〈馬太福音〉九：18、23～25

耶穌說這話的時候，有一個管會堂的來拜他，說：我女兒剛才死了，求你去按手在她身上，她就必活了……耶穌到了管會堂的家裡，看見有吹手，又有許多人亂嚷，就說：退去吧！這閨女不是死了，是睡著了。他們就嗤笑他。眾人既被攆出，耶穌就進去，拉著閨女的手，閨女便起來了。

耶穌使管會堂的睚
魯的女兒復活。
George Percy
Jacomb Hood, The
Raising of Jairus'
Daughter, 1895

主耶穌使拿因城寡婦之子復活

〈路加福音〉七：11～15

　　過了不多時（有古卷：次日），耶穌往一座城去，
這城名叫拿因，他的門徒和極多的人與他同行。將近城
門，有一個死人被抬出來。這人是他母親獨生的兒子；
他母親又是寡婦。有城裡的許多人同著寡婦送殯。主看
見那寡婦，就憐憫她，對她說：不要哭！於是進前按著
槓，抬的人就站住了。耶穌說：少年人，我吩咐你，起
來！那死人就坐起，並且說話。耶穌便把他交給他母
親。

彼得使多加（大比大）女子復活

〈使徒行傳〉九：36 ～ 41

在約帕有一個女徒，名叫大比大，翻希利尼話就是多加（就是羚羊的意思）；她廣行善事，多施賙濟。當時，她患病而死，有人把她洗了，停在樓上。呂大原與約帕相近；門徒聽見彼得在那裡，就打發兩個人去見他，央求他說：快到我們那裡去，不要耽延。彼得就起身和他們同去；到了，便有人領他上樓。眾寡婦都站在彼得旁邊哭，拿多加與她們同在時所做的裡衣外衣給他看。彼得叫他們都出去，就跪下禱告，轉身對著死人說：大比大，起來！她就睜開眼睛，見了彼得，便坐起來。彼得伸手扶她起來，叫眾聖徒和寡婦進去，把多加活活地交給他們。

保羅使猶推古復活

〈使徒行傳〉二十：9 ～ 12

有一個少年人，名叫猶推古，坐在窗臺上，困倦沉睡。保羅講了多時，少年人睡熟了，就從三層樓上掉下去；扶起他來，已經死了。保羅下去，伏在他身上，抱著他，說：你們不要發慌，他的靈魂還在身上。保羅又上去，擘餅，吃了，談論許久，直到天亮，這才走了。有人把那童子活活的領來，得的安慰不小。

保羅使猶推古復活，是《聖經》新約中關於復活最後的記載。
Jacques François Courtin, Paul ressuscitant eutyque, 1707

第四章圖錄

拉撒路復活（The Raising of Lazarus）

　　拉撒路復活是耶穌在世上所行的最大，也是最後的神蹟。耶穌使拉撒路復活，是在告訴祂的門徒與世人，不久之後，祂自己也將從死裡復活，成就救贖世人的計畫。

　　歷代描繪拉撒路復活的作品甚多，早期的作品，例如1311年Duccio di Buoninsegna以及1426年Giovanni di Paolo的作品，拉撒路全身都裹著密實的細麻布，這是猶太人的傳統葬俗，耶穌安葬時也有裹上細麻布。自16世紀開始，畫家描繪細麻布的方式有了極大的變化，反映了藝術家對信仰的眼光與詮釋，隨著時代演變，而有顯著的變化。

Duccio di
Buoninsegna, The
Raising of Lazarus,
1311

Giovanni di Paolo, The Resurrection of Lazarus, 1426

Joachim Wtewael,
The Raising of Lazarus,
1610

Carel Fabritius, The Raising of Lazarus

Peter Paul Rubens (1577 –1640),
The raising of Lazarus

Rembrandt, The Raising of Lazarus,
1632

Joachim Wtewael, The Raising of Lazarus, 1610

Eduard von Gebhardt, The Raising of Lazarus, 1896

Jan Wydra, The Raising
of Lazarus, 1937

Jean Jouvenet, The Resurrection of Lazarus, 1706

第五章

十字架

十字架是人類最常用的圖形，卻有著最深刻的信仰與文化意涵。
Andrea Mantegna, Crucifixion, 1457

十字架是人類最普遍的標誌，即使單純以符號的觀點而論，十字架也是人類使用最多，最為人熟知的符號。但是，關於十字架的起源、意義，以及為何會成為基督信仰的核心，即使是基督徒，可能也有些茫然。

人們對十字架之所以如此陌生，尤其是基督徒，很大的原因是感情因素——閱讀或想像耶穌被釘上十字架的整個過程，基督徒總會充滿不捨，甚至有撕心裂肺的苦楚——因為那種羞辱和痛苦如此赤裸與血腥。

但是，如果要真正了解耶穌死在十字架上、第三天復活，就要認真真實的面對十字架的歷史，才能確實了解耶穌為何走向十字架？為何要流自己的血來救贖世人？以及，祂為何選擇如此卑賤的方式受難？

十字架與腓尼基

　　十字架這種刑罰起源於波斯。波斯人認為土地是用來祭祀奧馬茲德神（Ormauzd），所以要把囚犯舉起來，免得汙穢土地、褻瀆神靈。這種殘酷的刑罰從波斯傳到北非的迦太基（Carthage），再由腓尼基人（Phoenicia）傳給希臘人、亞述人、埃及人和羅馬人。

　　腓尼基人於公元前十四、五世紀時，曾經定居於地中海濱，建立許多城邦。古腓尼基城市包括現今在以色列境內的阿什杜德（Ashdod）、阿什凱隆（Ascalon）和以革倫（Ekron）；以及在黎巴嫩境內的推羅（Tyre）和西頓（Sidon）。主前126年，推羅成為羅馬敘利亞——腓尼基省的首府。稍稍涉獵聖經的人，對推羅和西頓一定不陌生。這兩個城市在舊約就有著許多記載，耶穌傳道的時期，也經常提及。

　　〈馬可福音〉三章記載說：「還有許多人聽見他所做的大事，就從猶太、耶路撒冷、以土買、約旦河外，並推羅、西頓的四方來到他那裡。」〈路加福音〉六章說：「耶穌和他們下了山，站在一塊平地上；同站的有許多門徒，又有許多百姓，從猶太全地和耶路撒冷，並推羅、西頓的海邊來，都要聽他講道，又指望醫治他們的病；還有被污鬼纏磨的，也得了醫治。」

　　因此，猶太人對腓尼基人應該是很熟悉的，只是，沒有人想到耶穌會成為十架上的犧牲。

　　在猶太文化中，執行死刑時，是要用石頭將犯人打死。耶穌降生

十字架刑罰源自於波斯人，幾經輾轉，才傳到羅馬帝國。
Justus Lipsius (1547~1606), Crux Simplex

前大約六十年左右，猶太亡於羅馬帝國，當時的羅馬剛剛開始採用十字架酷刑，不過只針對奴隸和最壞的罪犯，才會採用這樣殘忍的方式，一般罪犯採用別的刑罰，不會遭受這麼殘忍和侮辱的痛苦。

〈路加福音〉二十三章記載，當彼拉多詢問猶太人如何處決耶穌時，他們的反應是：「他們喊著說：釘他十字架！釘他十字架！彼拉多第三次對他們說：為什麼呢？這人做了什麼惡事呢？我並沒有查出他什麼該死的罪來。所以，我要責打他，把他釋放了。他們大聲催逼彼拉多，求他把耶穌釘在十字架上。他們的聲音就得了勝。彼拉多這才照他們所求的定案，把他們所求的那作亂殺人、下在監裡的釋放了，把耶穌交給他們，任憑他

彼拉多無法說服猶太人，判決了耶穌的十字架死刑。
Mihály Munkácsy, Christ before Pilate, 1881

們的意思行。」

　　猶太群眾竟然唆使羅馬官長採取這種最殘酷的刑罰，可見他們多麼忌憚耶穌，決意以這種最屈辱、痛苦的刑罰處死耶穌，〈馬太福音〉二十七章記載，猶太群眾

十字架死刑的對象，是罪大惡極的犯人。
Fedor Bronnikov, Place of execution in ancient Rome. The crucified slaves, 1878

甚至說出：「他的血歸到我們和我們的子孫身上。」完全反應他們對基督耶穌的誤解與憤怒。

　　但是，我們必須理解：猶太群眾完全是受到祭司集團、希律和羅馬統治集團的蒙蔽與煽動，才有著如此瘋狂的反應──耶穌被釘十字架的罪，不應歸到猶太人的身上，更不應該成為後代歧視與屠殺猶太人的藉口。尤其是二戰時期納粹屠殺猶太人的罪行，絕對不是耶穌所允許的。事實上，耶穌受難真正的目的是因為人的罪，因為天國的福音。更何況，〈路加福音〉二十三章記載，耶穌在十字架最後的的交代是：「父啊，赦免他們；因為他們所做的，他們不曉得。」

十字架的刑罰

　　十字架的刑罰通常是整批執行，在同一個地點同時立起六至七個十字架，因為犯人掛在十字架上有示眾恐嚇的作用，然後，依照慣例是將罪犯和十字架一起埋掉。

公元前 73 年，為平息斯巴達克斯暴動，羅馬帝國用殘忍的十字架一次處決六千人。

Hermann Vogel, Tod des Spartacus death, 1882

　　羅馬時代總共有三次大規模的奴隸暴動，羅馬政府費盡力氣，好不容易才平息暴動，因此，每次勝利都要伴隨血腥屠殺，成百上千的人被釘在十字架上。這三次暴動前兩次都在西西里，第一次發生在公元前 137 年至前 132 年；第二次發生於公元前 104 年至公元前 101 年。第三次暴動，也是最著名的一次，發生在公元前 73 年，領導者是斯巴達克斯（Spartacus），起義失敗後，有六千人被釘在十字架上，從義大利南部的普利亞（Puglia）地區到羅馬，一路豎立幾千具十字架，殘忍血腥，讓人不忍卒睹。

　　羅馬人採用十字架刑罰有兩個作用：除了使人致死；更是教人受極大的差辱（對猶太人而言，要再加上使人受咒詛）。然而，耶穌卻將這兩個作用完全調轉過來：一是耶穌藉著十字架被高舉，教一切仰望者可以得救，使那原本叫人死的刑具，反成為叫人活的恩具；二是耶穌基督又藉著十字架，從地上被舉起來，吸引萬人來歸

向祂。耶穌在這裡特別強調，這是指著祂自己將要怎樣死而說的。顯然，耶穌早就選定十字架作為象徵自己被高舉的記號。耶穌選擇十字架，乃為要以自己受羞辱來遮蓋所有世人的羞辱，並使原來要致人於至卑至微的十字架，反成為高舉人子、彰顯上帝榮耀的高台。

事實上，在羅馬時代，初代基督徒也有許多人被釘在十字架上，同時還有其他殘酷的刑罰，這種情況延續了三百多年，若是沒有信仰上的堅決信心，和對復活的盼望，怎麼會有這麼多人毫不後悔殉道而死呢？如果耶穌復活是虛謊的，那麼誰會為一件沒有發生的事，付出這麼慘痛的代價？

十字架的演變

十字架雖然是耶穌救贖與復活的記號，但在四世紀中葉之前，基督徒卻以「魚」為記號，因為十字架形象太過明顯，會帶來嘲笑，甚至有被迫害致死的危險，直到康士坦丁（Flavius Valerius Aurelius Constantinus，274～337）宣布接受基督信仰，並定為國教。康士坦丁也廢止以釘十字架處死的刑罰，至此，十字架不再象徵羞辱。不過，康士坦丁並沒有採用十字架作為耶穌基督的象徵與記號，而是使用凱樂符號（Chi-Rho）。大約在公元 5 至 6 世紀，出現耶穌受難的圖像，公元 7 世紀，耶穌被釘在十字架的耶穌受難形象開始普及，教會也號召信徒尊敬及使用十字架。9 世紀以後，出現十字架上有基督的「苦像」，後來再加上冠冕或荊棘冠，十字架終於成為基督信仰的代表，也是人類藝術與文明的主流意象，基督信仰才公開使用十字架為印記。

而十字架成為基督信仰的核心，在神學與思想上成

為基督徒的指引，與宗教改革先鋒馬丁・路德（Martin Luther，1483～546）有密切關係，他非常強調十字架的重要，主張「我們的神學就是十字架」。馬丁・路德說：「十字架是一切事物的標準。」（Crux Probat Omnia），這就是著名的路德神學，而路德神學與保羅強調以十字架中心的神學完全一致。至此，經過一千五百年，十字架神學終於確立，十字架終於成為耶穌受難與復活的標誌，也成為基督信仰的核心。

公元 3 世紀君士坦丁使用的凱樂符號(Chi-Rh)。

十字架與國旗

　　雖然十字架曾是羞辱與悲傷的符號，但是世界上卻有許多國家以十字架作為國旗的主要符號，如：紐西蘭、東加、澳大利亞、斐濟、英國、瑞士、希臘、多明尼加、北歐五國（丹麥、芬蘭、冰島、挪威和瑞典）等，至少超過五十國。

　　國旗是一個國家最重要的象徵，這裡列舉的國家以十字架作為國旗的基本圖案，具體說明十字架在世人心目中已完全脫離屈辱與卑微的意涵，而成為光榮與希望的象徵。特別是北歐五國，這個地區曾是馬丁路德宣教的區域，所以是十字架神學非常堅定穩固的國度，信仰宗派也以路德宗（信義會）為主，因此，五國國旗都以十字架為主。

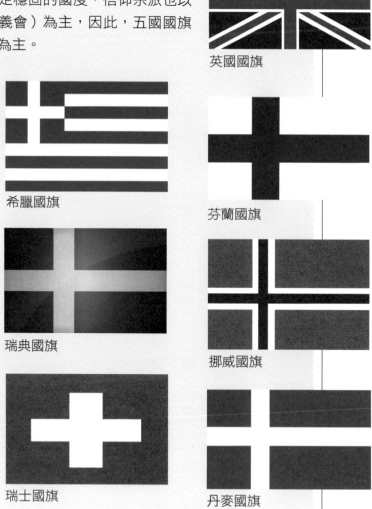

英國國旗

希臘國旗

芬蘭國旗

瑞典國旗

挪威國旗

瑞士國旗

丹麥國旗

十字架上的耶穌不是彌賽亞？

不願接受十字架上的耶穌是彌賽亞的，包括猶太教、伊斯蘭教和部分基督教支派。

當耶穌進入耶路撒冷，萬民高興歡呼「和撒那、和撒那」，他們要的是一個英雄，屬於人世間的英雄。而耶穌只是騎著一匹小驢駒，極其謙卑，完全不像個凱旋的大英雄。猶太教的拉比（就是「夫子」、「老師」的意思）聽到耶穌宣告祂來是為拯救所有世人的罪，他們無法接受的原因是，因為他們受凱旋主義和彌賽亞主義影響，猶太拉比認為：「你成了，我們就完了。」所以猶太教不接受十字架上的耶穌。

不只拉比不能接受釘在十字架上的耶穌是彌賽亞，當時，即使和耶穌最親近的門徒也不能接受，例如〈馬太福音〉十六章就記載：「彼得就拉著他，勸他說：主啊，萬不可如此！這事必不臨到你身上。」耶穌聽了就責備彼得說：「撒但，退我後邊去吧！你是絆我腳的；因為你不體貼神的意思，只體貼人的意思。」這裡說的「你不體貼上帝的意思，只體貼人的意思。」就是指猶太人的凱旋主義和彌賽亞主義。所以，要接受十字架和復活，絕對不能只靠人的理性和思考，而是要依靠信心，以及聖靈的感動。

至於伊斯蘭教不接受十字架，是因為他們認為阿拉是至高無上的「真神」，是尊貴唯一的神，神跟人是有分際的，怎麼可能降格為人？而且還是被判釘死在十字架、被羞辱的人？對穆斯林來說，這完全是一種褻瀆，所以他們不接受十字架。

另外，還有些異端也不接受十字架，因為他們不接受耶穌道成肉身，也不接受聖父、聖子、聖靈三位一體，所以無法接受復活。

因為凱旋主義和彌賽亞主義的影響，猶太教不接受復活的耶穌就是彌賽亞。

Anthony van Dyck, Christus aan het kruis, 1630

否認十字架的諾斯底主義

諾斯底主義（Gnosticism，或譯為諾斯替、諾斯蒂、靈知、靈智……等等）是基督教發展初期的異端之一，沒有留下什麼文字著作。

諾斯底主義者，相信自己從基督得到特別的高等靈性知識或智能，遠優於二世紀教會領袖和主教所傳講與教導的真理。他們相信物質（包括身體在內）好像邪惡的牢籠，把人的良善靈魂拖累和困住；人的靈，本質上來自上帝，卻住在身體的墳墓裡。因此，如何才能得救呢？首先，要獲得某種特別的知識，這知識不是每個基督徒都有，他們說，是耶穌把那些「真知識」親自口傳給使徒，使徒再透過主教留傳下來的書信文字，僅僅透露出「真知識」的蛛絲馬跡。

二世紀的基督信仰領袖和思想家，花了很大精力來研究與駁斥這個異端，並在這過程中開始建立正統的基督教教義，摧毀諾斯底主義的教導。

諾斯底主義完全否認耶穌降世為人、身體死而復活的觀念，他們認為，基督只是看起來好像是人的樣式，其實不是人，乃是神。道成肉身的信仰不屬靈，因為把物質和靈攪在一起，違反了真智慧。

不過，諾斯底主義者認為耶穌很特殊，是上帝特別差來為基督使用的，比如耶穌的聲帶喉舌，就被基督用來教導。他們大多認為，這位天上來的救贖者（基督），在耶穌接受約翰洗禮的時候進入祂的身體，而在耶穌死於十字架上之前離開了祂。

原本卑微的十字架，因為耶穌的復活，反而成為最大的榮耀。
Adam Elsheimer, The Frankfurt Altarpiece of the Exaltation of the True Cross, 1605

十字架的重要經文

　　《聖經》是基督信仰的源頭和依據，為了有系統地認識《聖經》記載十字架的經文，我們從和合本聖經中尋找到八十一處經文，將全句摘錄下來，讀者可以從這些經文中，對十字架有更多了解。

　　《聖經》直接描述十字架的記載，開始於新約；雖然舊約已有許多預表和闡明，但是並沒有直接提到十字架，所以沒有收錄。

〈馬太福音〉

不背著他的十字架跟從我的，也不配作我的門徒。（十：38 節）

於是耶穌對門徒說：若有人要跟從我，就當捨己，背起他的十字架來跟從我。（十六章 24 節）

又交給外邦人，將他戲弄，鞭打，釘在十字架上；第三日他要復活。（二十章 19 節）

所以我差遣先知和智慧人並文士到你們這裡來，有的你們要殺害，要釘十字架；有的你們要在會堂裡鞭打，從這城追逼到那城。（二十三章 34 節）

你們知道，過兩天是逾越節，人子將要被交給人，釘在十字架上。（二十六章 2 節）

彼拉多說：這樣，那稱為基督的耶穌我怎麼辦他呢？他們都說：把他釘十字架！巡撫說：為什麼呢？他做了什麼惡事呢？他們便極力地喊著說：把他釘十字架！

（二十七章 22 ～ 23 節）

於是彼拉多釋放巴拉巴給他們，把耶穌鞭打了，交給人
釘十字架。（二十七章 26 節）

戲弄完了，就給他脫了袍子，仍穿上他自己的衣服，帶
他出去，要釘十字架。他們出來的時候，遇見一個古利
奈人，名叫西門，就勉強他同去，好背著耶穌的十字架。
（二十七章 31 ～ 32 節）

他們既將他釘在十字架上，就拈鬮分他的衣服。（二十七
章 35 節）

當時，有兩個強盜和他同釘十字架，一個在右邊，一個
在左邊。（二十七章 38 節）

你這拆毀聖殿、三日又建造起來的，可以救自己吧！你
如果是神的兒子，就從十字架上下來吧！（二十七章 40
節）

他救了別人，不能救自己。他是以色列的王，現在可以
從十字架上下來，我們就信他。（二十七章 42 節）

天使對婦女說：不要害怕！我知道你們是尋找那釘十字
架的耶穌。（二十八章 5 節）

〈馬可福音〉

於是叫眾人和門徒來，對他們說：若有人要跟從我，就
當捨己，背起他的十字架來跟從我。（八章 34 節）

他們又喊著說：把他釘十字架！彼拉多說：為什麼呢？
他做了什麼惡事呢？他們便極力地喊著說：把他釘十字

架！彼拉多要叫眾人喜悅，就釋放巴拉巴給他們，將耶穌鞭打了，交給人釘十字架。（十五章 13～15 節）

戲弄完了，就給他脫了紫袍，仍穿上他自己的衣服，帶他出去，要釘十字架。有一個古利奈人西門，就是亞歷山大和魯孚的父親，從鄉下來，經過那地方，他們就勉強他同去，好背著耶穌的十字架。（十五章 20～21 節）

於是將他釘在十字架上，拈鬮分他的衣服，看是誰得什麼。釘他在十字架上是巳初的時候。（十五章 24～25 節）

他們又把兩個強盜和他同釘十字架，一個在右邊，一個在左邊。（十五章 27 節）

從那裡經過的人辱罵他，搖著頭說：咳！你這拆毀聖殿、三日又建造起來的，可以救自己，從十字架上下來吧！（十五章 29～30 節）

以色列的王基督，現在可以從十字架上下來，叫我們看見，就信了。那和他同釘的人也是譏誚他。（十五章 32 節）

那少年人對她們說：不要驚恐！你們尋找那釘十字架的拿撒勒人耶穌，他已經復活了，不在這裡。請看安放他的地方。（十六章 6 節）

〈路加福音〉

耶穌又對眾人說：若有人要跟從我，就當捨己，天天背起他的十字架來跟從我。（九章 23 節）

凡不背著自己十字架跟從我的，也不能作我的門徒。
（十四章 27 節）

無奈他們喊著說：釘他十字架！釘他十字架！（二十三章 21 節）

他們大聲催逼彼拉多，求他把耶穌釘在十字架上。他們的聲音就得了勝。（二十三章 23 節）

帶耶穌去的時候，有一個古利奈人西門，從鄉下來；他們就抓住他，把十字架擱在他身上，叫他背著跟隨耶穌。（二十三章 26 節）

到了一個地方，名叫髑髏地，就在那裡把耶穌釘在十字架上，又釘了兩個犯人：一個在左邊，一個在右邊。（二十三章 33 節）

說：人子必須被交在罪人手裡，釘在十字架上，第三日復活。（二十四章 7 節）

祭司長和我們的官府竟把他解去，定了死罪，釘在十字架上。（二十四章 20 節）

〈約翰福音〉

祭司長和差役看見他，就喊著說：釘他十字架！釘他十字架！彼拉多說：你們自己把他釘十字架吧！我查不出他有什麼罪來。（十九章 6 節）

彼拉多說：你不對我說話嗎？你豈不知我有權柄釋放你，也有權柄把你釘十字架嗎？（十九章 10 節）

他們喊著說：除掉他！除掉他！釘他在十字架上！彼拉

多說：我可以把你們的王釘十字架嗎？祭司長回答說：除了凱撒，我們沒有王。於是彼拉多將耶穌交給他們去釘十字架。他們就把耶穌帶了去。耶穌背著自己的十字架出來，到了一個地方，名叫髑髏地，希伯來話叫各各他。他們就在那裡釘他在十字架上，還有兩個人和他一同釘著，一邊一個，耶穌在中間。彼拉多又用牌子寫了一個名號，安在十字架上，寫的是：猶太人的王，拿撒勒人耶穌。有許多猶太人念這名號；因為耶穌被釘十字架的地方與城相近，並且是用希伯來、羅馬、希臘三樣文字寫的。（十九章 15 ～ 20 節）

兵丁既然將耶穌釘在十字架上，就拿他的衣服分為四分，每兵一分；又拿他的裡衣，這件裡衣原來沒有縫兒，是上下一片織成的。（十九章 23 節）

站在耶穌十字架旁邊的，有他母親與他母親的姊妹，並革羅罷的妻子馬利亞，和抹大拉的馬利亞。（十九章 25 節）

猶太人因這日是預備日，又因那安息日是個大日，就求彼拉多叫人打斷他們的腿，把他們拿去，免得屍首當安息日留在十字架上。（十九章 31 節）

在耶穌釘十字架的地方有一個園子，園子裡有一座新墳墓，是從來沒有葬過人的。（十九章 41 節）

〈使徒行傳〉

他既按著上帝的定旨先見被交與人，你們就藉著無法之人的手，把他釘在十字架上，殺了。（二章 23 節）

故此，以色列全家當確實地知道，你們釘在十字架上的

這位耶穌,上帝已經立他為主,為基督了。(二章36節)

你們眾人和以色列百姓都當知道,站在你們面前的這人得痊癒是因你們所釘十字架、神叫他從死裡復活的拿撒勒人耶穌基督的名。(四章10節)

〈羅馬書〉

因為知道我們的舊人和他同釘十字架,使罪身滅絕,叫我們不再作罪的奴僕。(六章6節)

〈哥林多前書〉

基督是分開的嗎?保羅為你們釘了十字架嗎?你們是奉保羅的名受了洗嗎?(一章13節)

基督差遣我,原不是為施洗,乃是為傳福音,並不用智慧的言語,免得基督的十字架落了空。(一章17節)

因為十字架的道理,在那滅亡的人為愚拙;在我們得救的人,卻為神的大能。(一章18節)

我們卻是傳釘十字架的基督,在猶太人為絆腳石,在外邦人為愚拙。(一章23節)

因為我曾定了主意,在你們中間不知道別的,只知道耶穌基督並他釘十字架。(二章2節)

這智慧世上有權有位的人沒有一個知道的,他們若知道,就不把榮耀的主釘在十字架上了。(二章8節)

〈哥林多後書〉

他因軟弱被釘在十字架上,卻因神的大能仍然活著。我

們也是這樣同他軟弱，但因神向你們所顯的大能，也必與他同活。（十三章4節）

〈加拉太書〉

我已經與基督同釘十字架，現在活著的不再是我，乃是基督在我裡面活著；並且我如今在肉身活著，是因信神的兒子而活；他是愛我，為我捨己。（二章20節）

無知的加拉太人哪，耶穌基督釘十字架，已經活畫在你們眼前，誰又迷惑了你們呢？（三章1節）

弟兄們，我若仍舊傳割禮，為什麼還受逼迫呢？若是這樣，那十字架討厭的地方就沒有了。（五章11節）

凡屬基督耶穌的人，是已經把肉體連肉體的邪情私慾同釘在十字架上了。（五章24節）

凡希圖外貌體面的人都勉強你們受割禮，無非是怕自己為基督的十字架受逼迫。（六章12節）

但我斷不以別的誇口，只誇我們主耶穌基督的十字架；因這十字架，就我而論，世界已經釘在十字架上；就世界而論，我已經釘在十字架上。（六章14節）

〈以弗所書〉

既在十字架上滅了冤仇，便藉這十字架使兩下歸為一體，與神和好了。（二章16節）

〈腓立比書〉

既有人的樣子，就自己卑微，存心順服，以至於死，且死在十字架上。（二章8節）

因為有許多人行事是基督十字架的仇敵。我屢次告訴你們，現在又流淚地告訴你們：他們的結局就是沉淪；他們的神就是自己的肚腹。他們以自己的羞辱為榮耀，專以地上的事為念。（三章 18 ～ 19 節）

〈歌羅西書〉

既然藉著他在十字架上所流的血成就了和平，便藉著他叫萬有——無論是地上的、天上的——都與自己和好了。（一章 20 節）

又塗抹了在律例上所寫、攻擊我們、有礙於我們的字據，把它撤去，釘在十字架上。既將一切執政的、掌權的擄來，明顯給眾人看，就仗著十字架誇勝。（二章 14 ～ 15 節）

〈希伯來書〉

若是離棄道理，就不能叫他們從新懊悔了，因為他們把神的兒子重釘十字架，明明的羞辱他。（六章 6 節）

仰望為我們信心創始成終的耶穌（或作「仰望那將真道創始成終的耶穌」）。他因那擺在前面的喜樂，就輕看羞辱，忍受了十字架的苦難，便坐在上帝寶座的右邊。（十二章 2 節）

〈啟示錄〉

他們的屍首就倒在大城裡的街上；這城按著靈意叫所多瑪，又叫埃及，就是他們的主釘十字架之處。（十一章 8 節）

第五章圖錄

十字架（The Crucifixion）

　　十字架是耶穌救贖與復活的記號，但卻是在公元4世紀中葉，才開始成為基督信仰的象徵。公元5世紀，開始出現耶穌受難的圖像，公元9世紀後，才出現十字架上有基督的「苦像」，後來再加上冠冕或荊棘冠，十字架終於成為基督信仰的代表。

　　歷代描繪十字架的作品多不勝數，幾乎是人類藝術與文明的主流意象，但是仔細觀察，可以發現，十字架的造型、場景，以至於人物，都有著顯著的不同，反映了人們對耶穌受難不同的認知與敘述。而越接近現代，描繪十字架的作品，不僅有明顯「解構」的企圖，作品數量也大量的銳減。這個現象，無疑是在說明人類面對基督信仰的態度已然有了極大的改變。

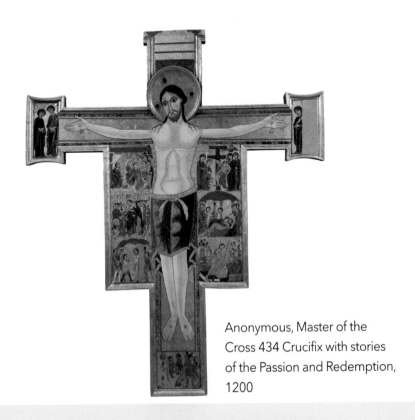

Anonymous, Master of the Cross 434 Crucifix with stories of the Passion and Redemption, 1200

Giotto di Bondone, Crucifix, 1304

Giotto, The crucifix, 1310

Ambrogio lorenzetti, croce dipinta
da s. niccolò al carmine, 1330

Ambrogio lorenzetti, croce dipinta da s. niccolò
al carmine, 1330

Almeida Júnior,
Cristo crucificado,
1889

Goya Cristo,
crucificado, 1780

Bartolomé Esteban
Murillo, Christ
crucified, 1677

Diego Velázquez, Cristo crucificado, 1632

Thomas Eakins, The
Crucifixion, 1880

Gustave Doré, Christ
on the Cross, 1883

Gustave Doré, Christ
on the Cross, 1883

Léon Bonnat, Christ
on the Cross, 1874

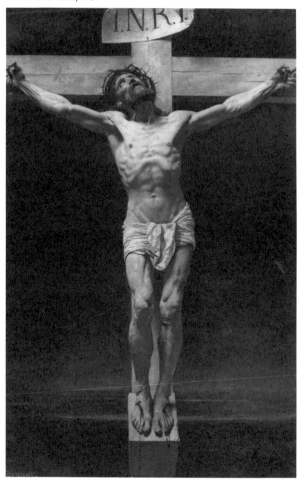

Luis Tristán, Christ Crucified La obra muestra a Cristo crucificado en el Monte Calvario, 1624

Adolf Hölzel, Kruzifix Studie, 1910

Wladyslaw Wankie, Wankie, Christ on the Cross, 1902

Peter Paul Rubens, The Descent from the Cross, 1614

第六章

復活重要經文

　　耶穌受難，從死裡復活後，四十天內，總共向世人顯現了十二次。加上五旬節聖靈的降臨，是耶穌的交代與應許，是建立基督信仰最重要的事件。以上十三個事件，《聖經》中都有清晰完整的記載，本章引錄完整的經文；同時，精選了二十幅描繪耶穌復活的藝術作品，依年代排列，展現耶穌的復活。

耶穌復活顯現重要經文總表

顯現次序	重要經文	備註
第一次顯現	可十六：9～11 約二十：11～18	
第二次顯現	太二十八：8～10	
第三次顯現	路二十四：33～34 林前十五：3～8	林前十五經文也見於第六、八、九、十顯現。
第四次顯現	可十六：12～13 路二十四：13～35	
第五次顯現	可十六：14 路二十四：36～43 約二十：19～25	可十六經文亦用於第八次顯現。
第六次顯現	約二十：26～29 林前十五：3～8	
第七次顯現	約二十一：1～25	
第八次顯現	太二十八：16～20 可十六：14 林前十五：3～8	
第九次顯現	路二十四：50～52 徒一：12～15 林前十五：3～8	
第十次顯現 聖靈降臨	林前十五：3～8 徒二：1～13	
第十一次顯現	徒九：1～22 徒二十六：1～20	
第十二次顯現	啟一：9～16	

第一次顯現

〈馬可福音〉十六：9～11

在七日的第一日清早，耶穌復活了，就先向抹大拉的馬利亞顯現，耶穌從她身上曾趕出七個鬼。她去告訴那向來跟隨耶穌的人，那時他們正哀慟哭泣。他們聽見耶穌活了，被馬利亞看見，卻是不信。

〈約翰福音〉二十：11～18

馬利亞卻站在墳墓外面哭，哭的時候，低頭往墳墓裡看，就見兩個天使，穿著白衣，在安放耶穌身體的地方坐著，一個在頭，一個在腳。天使對她說：婦人，你為什麼哭？她說：因為有人把我主挪了去，我不知道放在那裡。說了這話，就轉過身來，看見耶穌站在那裡，卻不知道是耶穌。耶穌問她說：婦人，為什麼哭？你找誰呢？馬利亞以為是看園的，就對他說：先生，若是你把他移了去，請告訴我你把他放在那裡，我便去取他。耶穌說：馬利亞！馬利亞就轉過來，用希伯來話對他說：拉波尼！（拉波尼就是夫子的意思。）耶穌說：不要摸我，因我還沒有升上去見我的父。你往我弟兄那裡去，告訴他們說：我要升上去見我的父，也是你們的父；見我的神，也是你們的神。抹大拉的馬利亞就去告訴門徒說：我已經看見了主！她又將主對她說的這話告訴他們。

第二次顯現

〈馬太福音〉二十八：8～10

婦女們就急忙離開墳墓，又害怕，又大大的歡喜，跑去要報給他的門徒。忽然，耶穌遇見他們，說：願你們平安！他們就上前抱住他的腳拜他。耶穌對她們說：不要害怕！你們去告訴我的弟兄，叫他們往加利利去，在那裡必見我。

第三次顯現

〈路加福音〉二十四：33～34

他們就立時起身，回耶路撒冷去，正遇見十一個使徒和他們的同人聚集在一處。說：主果然復活，已經現給西門看了。

〈哥林多前書〉十五：3～8

我當日所領受又傳給你們的，第一，就是基督照聖經所說，為我們的罪死了，而且埋葬了；又照聖經所說，第三天復活了，並且顯給磯法看，然後顯給十二使徒看；後來一時顯給五百多弟兄看，其中一大半到如今還在，卻也有已經睡了的。以後顯給雅各看，再顯給眾使徒看，末了，也顯給我看，我如同未到產期而生的人一般。

◎這段經文亦用於第六、八、九、十次顯現。

第四次顯現

〈馬可福音〉十六：12～13

這事以後，門徒中間有兩個人，往鄉下去。走路的時候，耶穌變了形像向他們顯現。

〈路加福音〉二十四：13～35

正當那日，門徒中有兩個人往一個村子去；這村子名叫以馬忤斯，離耶路撒冷約有二十五里。他們彼此談論所遇見的這一切事。正談論相問的時候，耶穌親自就近他們，和他們同行；只是他們的眼睛迷糊了，不認識他。耶穌對他們說：你們走路彼此談論的是什麼事呢？他們就站住，臉上帶著愁容。二人中有一個名叫革流巴的回答說：你在耶路撒冷作客，還不知道這幾天在那裡所出的事嗎？耶穌說：什麼事呢？他們說：就是拿撒勒人耶穌的事。他是個先知，在神和眾百姓面前，說話行事都有大能。祭司長和我們的官府竟把他解去，定了死罪，釘在十字架上。但我們素來所盼望、要贖以色列民的就是他！不但如此，而且這事成就，現在已經三天了。再者，我們中間有幾個婦女使我們驚奇，她們清早到了墳墓那裡，不見他的身體，就回來告訴我們，說看見了天使顯現，說他活了。又有我們的幾個人往墳墓那裡去，所遇見的正如婦女們所說的，只是沒有看見他。耶穌對他們說：無知的人哪，先知所說的一切話，你們的心信得太遲鈍了。基督這樣受害，又進入他的榮耀，豈不是應當的嗎？於是從摩西和眾先知起，凡經上所指著自己的話都給他們講解明白了。將近他們所去的村子，耶穌好像還要往前行，他們卻強留他，說：時候晚了，日頭已經平西了，請你同我們住下吧！耶穌就進去，要同他們住下。到了坐席的時候，耶穌拿起餅來，祝謝了，擘開，遞給他們。他們的眼睛明亮了，這才認出他來。忽然耶穌不見了。他們彼此說：在路上，他和我們說話，給我們講解聖經的時候，我們的心豈不是火熱的嗎？他們就立時起身，回耶路撒冷去，正遇見十一個使徒和他們的同人聚集在一處，說：主果然復活，已經現給西門看了。兩個人就把路上所遇見，和擘餅的時候怎麼被他

們認出來的事，都述說了一遍。

第五次顯現

〈馬可福音〉十六：14

後來，十一個門徒坐席的時候，耶穌向他們顯現，責備他們不信，心裡剛硬，因為他們不信那些在他復活以後看見他的人。

◎這段經文亦用於第八次顯現。

〈路加福音〉二十四：36～43

正說這話的時候，耶穌親自站在他們當中，說：願你們平安！他們卻驚慌害怕，以為所看見的是魂。耶穌說：你們為什麼愁煩？為什麼心裡起疑念呢？你們看我的手，我的腳，就知道實在是我了。摸我看看！魂無骨無肉，你們看，我是有的。說了這話，就把手和腳給他們看。他們正喜得不敢信，並且希奇；耶穌就說：你們這裡有什麼吃的沒有？他們便給他一片燒魚。（有古卷在此有：和一塊蜜房。）他接過來，在他們面前吃了。

〈約翰福音〉二十：19～25

那日（就是七日的第一日）晚上，門徒所在的地方，因怕猶太人，門都關了。耶穌來，站在當中，對他們說：願你們平安！說了這話，就把手和肋旁指給他們看。門徒看見主，就喜樂了。耶穌又對他們說：願你們平安！父怎樣差遣了我，我也照樣差遣你們。說了這話，就向他們吹一口氣，說：你們受聖靈！你們赦免誰的罪，誰

的罪就赦免了；你們留下誰的罪，誰的罪就留下了。那十二個門徒中，有稱為低土馬的多馬；耶穌來的時候，他沒有和他們同在。那些門徒就對他說：我們已經看見主了。多馬卻說：我非看見他手上的釘痕，用指頭探入那釘痕，又用手探入他的肋旁，我總不信。

第六次顯現

〈約翰福音〉二十：26～29

過了八日，門徒又在屋裡，多馬也和他們同在。門都關了。耶穌來站在當中說：願你們平安！就對多馬說：伸過你的指頭來，摸（原文是看）我的手；伸出你的手來，探入我的肋旁。不要疑惑，總要信！多馬說：我的主！我的神！耶穌對他說：你因看見了我才信；那沒有看見就信的有福了。

第七次顯現

〈約翰福音〉二十一：1～25

這些事以後，耶穌在提比哩亞海邊又向門徒顯現。他怎樣顯現記在下面：有西門彼得和稱為低土馬的多馬，並加利利的迦拿人拿但業，還有西庇太的兩個兒子，又有兩個門徒，都在一處。西門彼得對他們說：我打魚去。他們說：我們也和你同去。他們就出去，上了船；那一夜並沒有打著什麼。天將亮的時候，耶穌站在岸上，門徒卻不知道是耶穌。耶穌就對他們說：小子！你們有吃的沒有？他們回答說：沒有。耶穌說：你們把網撒在船的右邊，就必得著。他們便撒下網去，竟拉不上來了，

因為魚甚多。耶穌所愛的那門徒對彼得說：是主！那時西門彼得赤著身子，一聽見是主，就束上一件外衣，跳在海裡。其餘的門徒離岸不遠，約有二百肘（古代以肘為尺，一肘約有今時尺半），就在小船上把那網魚拉過來。他們上了岸，就看見那裡有炭火，上面有魚，又有餅。耶穌對他們說：把剛才打的魚拿幾條來。西門彼得就去（或作：上船），把網拉到岸上。那網滿了大魚，共一百五十三條；魚雖這樣多，網卻沒有破。耶穌說：你們來吃早飯。門徒中沒有一個敢問他：你是誰？因為知道是主。耶穌就來拿餅和魚給他們。耶穌從死裡復活以後，向門徒顯現，這是第三次。他們吃完了早飯，耶穌對西門彼得說：約翰（在太 16：17 稱約拿）的兒子西門，你愛我比這些更深嗎？彼得說：主啊，是的，你知道我愛你。耶穌對他說：你餵養我的小羊。耶穌第二次又對他說：約翰的兒子西門，你愛我嗎？彼得說：主啊，是的，你知道我愛你。耶穌說：你牧養我的羊。第三次對他說：約翰的兒子西門，你愛我嗎？彼得因為耶穌第三次對他說你愛我嗎，就憂愁，對耶穌說：主啊，你是無所不知的；你知道我愛你。耶穌說：你餵養我的羊。我實實在在地告訴你：你年少的時候，自己束上帶子，隨意往來；但年老的時候，你要伸出手來，別人要把你束上，帶你到不願意去的地方。耶穌說這話，是指著彼得要怎樣死，榮耀神。說了這話，就對他說：你跟從我吧！彼得轉過來，看見耶穌所愛的那門徒跟著，就是在晚飯的時候，靠著耶穌胸膛說：「主啊，賣你的是誰？」的那門徒。彼得看見他，就問耶穌說：主啊，這人將來如何？耶穌對他說：我若要他等到我來的時候，與你何干？你跟從我吧！於是這話傳在弟兄中間，說那門徒不死。其實耶穌不是說他不死，乃是說：我若要他等到我來的時候，與你何干？為這些事作見證，並且記

載這些事的就是這門徒。我們也知道他的見證是真的。耶穌所行的事還有許多，若是一一的都寫出來，我想，所寫的書就是世界也容不下了。

第八次顯現

〈馬太福音〉二十八：16～20

十一個門徒往加利利去，到了耶穌約定的山上。他們見了耶穌就拜他，然而還有人疑惑。耶穌進前來，對他們說：天上地下所有的權柄都賜給我了。所以，你們要去，使萬民作我的門徒，奉父、子、聖靈的名給他們施洗（或作：給他們施洗，歸於父、子、聖靈的名）。凡我所吩咐你們的，都教訓他們遵守，我就常與你們同在，直到世界的末了。

〈哥林多前書〉十五：3～8

見第三次顯現。

第九次顯現

〈路加福音〉二十四：50～52

耶穌領他們到伯大尼的對面，就舉手給他們祝福。正祝福的時候，他就離開他們，被帶到天上去了。他們就拜他，大大的歡喜，回耶路撒冷去。

〈使徒行傳〉一：12～15

有一座山，名叫橄欖山，離耶路撒冷不遠，約有安息日

可走的路程。當下，門徒從那裡回耶路撒冷去，進了城，就上了所住的一間樓房。在那裡有彼得、約翰、雅各、安得烈、腓力、多馬、巴多羅買、馬太、亞勒腓的兒子雅各、奮銳黨的西門和雅各的兒子（或作：兄弟）猶大。這些人同著幾個婦人和耶穌的母親馬利亞，並耶穌的弟兄，都同心合意的恆切禱告。那時，有許多人聚會，約有一百二十名。

第十次顯現

〈哥林多前書〉十五：3～8

見第三次顯現。

聖靈降臨

〈使徒行傳〉二：1～13

五旬節到了，門徒都聚集在一處。忽然，從天上有響聲下來，好像一陣大風吹過，充滿了他們所坐的屋子，又有舌頭如火焰顯現出來，分開落在他們各人頭上。他們就都被聖靈充滿，按著聖靈所賜的口才說起別國的話來。那時，有虔誠的猶太人從天下各國來，住在耶路撒冷。這聲音一響，眾人都來聚集，各人聽見門徒用眾人的鄉談說話，就甚納悶；都驚訝希奇說：看哪，這說話的不都是加利利人嗎？我們各人，怎麼聽見他們說我們生來所用的鄉談呢？我們帕提亞人、米底亞人、以攔人，和住在美索不達米亞、猶太、加帕多家、本都、亞西亞、弗呂家、旁非利亞、埃及的人，並靠近古利奈的利比亞一帶地方的人，從羅馬來的客旅中，或是猶

太人，或是進猶太教的人，克里特和亞拉伯人，都聽見他們用我們的鄉談，講說神的大作為。眾人就都驚訝猜疑，彼此說：這是什麼意思呢？還有人譏誚說：他們無非是新酒灌滿了。

第十一次顯現

〈使徒行傳〉九：1～22

掃羅仍然向主的門徒口吐威嚇凶煞的話，去見大祭司，求文書給大馬色的各會堂，若是找著信奉這道的人，無論男女，都准他捆綁帶到耶路撒冷。掃羅行路，將到大馬色，忽然從天上發光，四面照著他。他就仆倒在地，聽見有聲音對他說：掃羅！掃羅！你為什麼逼迫我？他說：主啊！你是誰？主說：我就是你所逼迫的耶穌。起來！進城去，你所當做的事，必有人告訴你。同行的人站在那裡，說不出話來，聽見聲音，卻看不見人。掃羅從地上起來，睜開眼睛，竟不能看見什麼。有人拉他的手，領他進了大馬色。三日不能看見，也不吃，也不喝。當下，在大馬色有一個門徒，名叫亞拿尼亞。主在異象中對他說：亞拿尼亞。他說：主，我在這裡。主對他說：起來！往直街去，在猶大的家裡，訪問一個大數人，名叫掃羅，他正禱告；又看見了一個人，名叫亞拿尼亞，進來按手在他身上，叫他能看見。亞拿尼亞回答說：主啊，我聽見許多人說，這人怎樣在耶路撒冷多多苦害你的聖徒，並且他在這裡有從祭司長得來的權柄，捆綁一切求告你名的人。主對亞拿尼亞說：你只管去！他是我所揀選的器皿，要在外邦人和君王並以色列人面前宣揚我的名。我也要指示他，為我的名必須受許多的苦難。亞拿尼亞就去了，進入那家，把手按在掃羅身上，說：

兄弟掃羅，在你來的路上向你顯現的主，就是耶穌，打發我來，叫你能看見，又被聖靈充滿。掃羅的眼睛上好像有鱗立刻掉下來，他就能看見。於是起來受了洗；吃過飯就健壯了。掃羅和大馬色的門徒同住了些日子，就在各會堂裡宣傳耶穌，說他是神的兒子。凡聽見的人都驚奇說：在耶路撒冷殘害求告這名的，不是這人嗎？並且他到這裡來，特要捆綁他們，帶到祭司長那裡。但掃羅越發有能力，駁倒住大馬色的猶太人，證明耶穌是基督。

〈使徒行傳〉二十六：1～20

亞基帕對保羅說：准你為自己辯明。於是保羅伸手分訴，說：亞基帕王啊，猶太人所告我的一切事，今日得在你面前分訴，實為萬幸；更可幸的，是你熟悉猶太人的規矩和他們的辯論；所以求你耐心聽我。我從起初在本國的民中，並在耶路撒冷，自幼為人如何，猶太人都知道。他們若肯作見證就曉得，我從起初是按著我們教中最嚴緊的教門作了法利賽人。現在我站在這裡受審，是因為指望神向我們祖宗所應許的；這應許，我們十二個支派，晝夜切切的事奉神，都指望得著。王啊，我被猶太人控告，就是因這指望。神叫死人復活，你們為什麼看作不可信的呢？從前我自己以為應當多方攻擊拿撒勒人耶穌的名，我在耶路撒冷也曾這樣行了。既從祭司長得了權柄，我就把許多聖徒囚在監裡。他們被殺，我也出名定案。在各會堂，我屢次用刑強逼他們說褻瀆的話，又分外惱恨他們，甚至追逼他們，直到外邦的城邑。那時，我領了祭司長的權柄和命令，往大馬色去。王啊，我在路上，晌午的時候，看見從天發光，比日頭還亮，四面

照著我並與我同行的人。我們都仆倒在地，我就聽見有聲音用希伯來話向我說：掃羅！掃羅！為什麼逼迫我？你用腳踢刺是難的！我說：主啊，你是誰？主說：我就是你所逼迫的耶穌。你起來站著，我特意向你顯現，要派你作執事，作見證，將你所看見的事和我將要指示你的事證明出來。我也要救你脫離百姓和外邦人的手。我差你到他們那裡去，要叫他們的眼睛得開，從黑暗中歸向光明，從撒但權下歸向神；又因信我，得蒙赦罪，和一切成聖的人同得基業。亞基帕王啊，我故此沒有違背那從天上來的異象；先在大馬色，後在耶路撒冷和猶太全地，以及外邦，勸勉他們應當悔改歸向神，行事與悔改的心相稱。

第十二次顯現

〈啟示錄〉一：9 ～ 16

我─約翰就是你們的弟兄，和你們在耶穌的患難、國度、忍耐裡一同有分，為神的道，並為給耶穌作的見證，曾在那名叫拔摩的海島上。當主日，我被聖靈感動，聽見在我後面有大聲音如吹號，說：你所看見的當寫在書上，達與以弗所、士每拿、別迦摩、推雅推喇、撒狄、非拉鐵非、老底嘉、那七個教會。我轉過身來，要看是誰發聲與我說話；既轉過來，就看見七個金燈臺。燈臺中間有一位好像人子，身穿長衣，直垂到腳，胸間束著金帶。他的頭與髮皆白，如白羊毛，如雪；眼目如同火焰；腳好像在爐中鍛鍊光明的銅；聲音如同眾水的聲音。他右手拿著七星，從他口中出來一把兩刃的利劍；面貌如同烈日放光。

第六章圖錄

復活（Resurrection）

　　復活是西方藝術史非常重要的題材，作品數量龐大。大部分畫作主要的元素包括：空墳墓、羅馬兵丁、天使、象徵復活的旗幟、待拯救的人群，以及復活的耶穌。但細心觀察，可以發現歷代藝術家都以他們的信仰與天賦，戮力詮釋耶穌復活的精義。

　　221 頁義大利畫家 Piero della Francesca 1465 年的作品中，畫面中央是手持復活旗幟的耶穌，下方是困頓疲乏的兵丁，值得注意的是以耶穌為界，畫面左右兩邊呈現了截然不同的景象。畫面左邊是寒冬枯木的蕭瑟，寓意著死亡的權勢與陰影；畫面右邊是生意盎然，枝葉茂盛成長的春景，象徵著耶穌復活帶來的能量與愛。畫面正中手持旗幟的耶穌，雙目炯然有神的直視觀畫者，彷彿是耶穌在〈約翰福音〉第五章的啟示：「我實實在在地告訴你們：時候將到，現在就是了，死人要聽見神兒子的聲音，聽見的人就要活了。」

　　224 頁德國畫家 Christian Rohlfs 1916 年的畫作，畫面完全沒有傳統的元素，中央是兩個吹著號角的天使，左方是面貌困頓的男性，右邊是形容哀戚的婦女。如此簡明的構圖，卻讓觀畫者彷彿聽見〈哥林多前書〉十五章的宣告：「死啊，你得勝的權勢在哪裡？死啊，你的毒鉤在哪裡？」而耶穌復活帶來的是：「這必朽壞的既變成不朽壞的，這必死的既變成不死的，那時經上所記『死被得勝吞滅』的話就應驗了。」

　　歷代以「復活」為主題的畫作，傑作無數，風格變化極大。本書以二十幅精心挑選的畫作，分享歷代以來的藝術瑰寶，更重要的是，盼望讓世人認識「復活的耶穌」。

Guerau Gener, Resurrection of Christ, 1411

Master of the
Osservanza Triptych,
The Resurrection,
1445

Hans Multscher,
The Resurrection
(Wurzach altarpiece),
1437

Domenico Pagliarolo (1450-1500),
Resurrection in an initial

Benvenuto di Giovanni,
The Resurrection, 1491

Andrea Mantegna, La Résurrection, 1459

Piero della
Francesca,
The Resurrection,
1465

Gaudenzio Ferrari,
Christ rising from the
Tomb, 1546

Domenico Pagliarolo
(1450-1500),
Resurrection in an
initial

Albrecht Altdorfer
The Resurrection
of Christ, 1518

Christian Rohlfs, Auferstehung, 1916

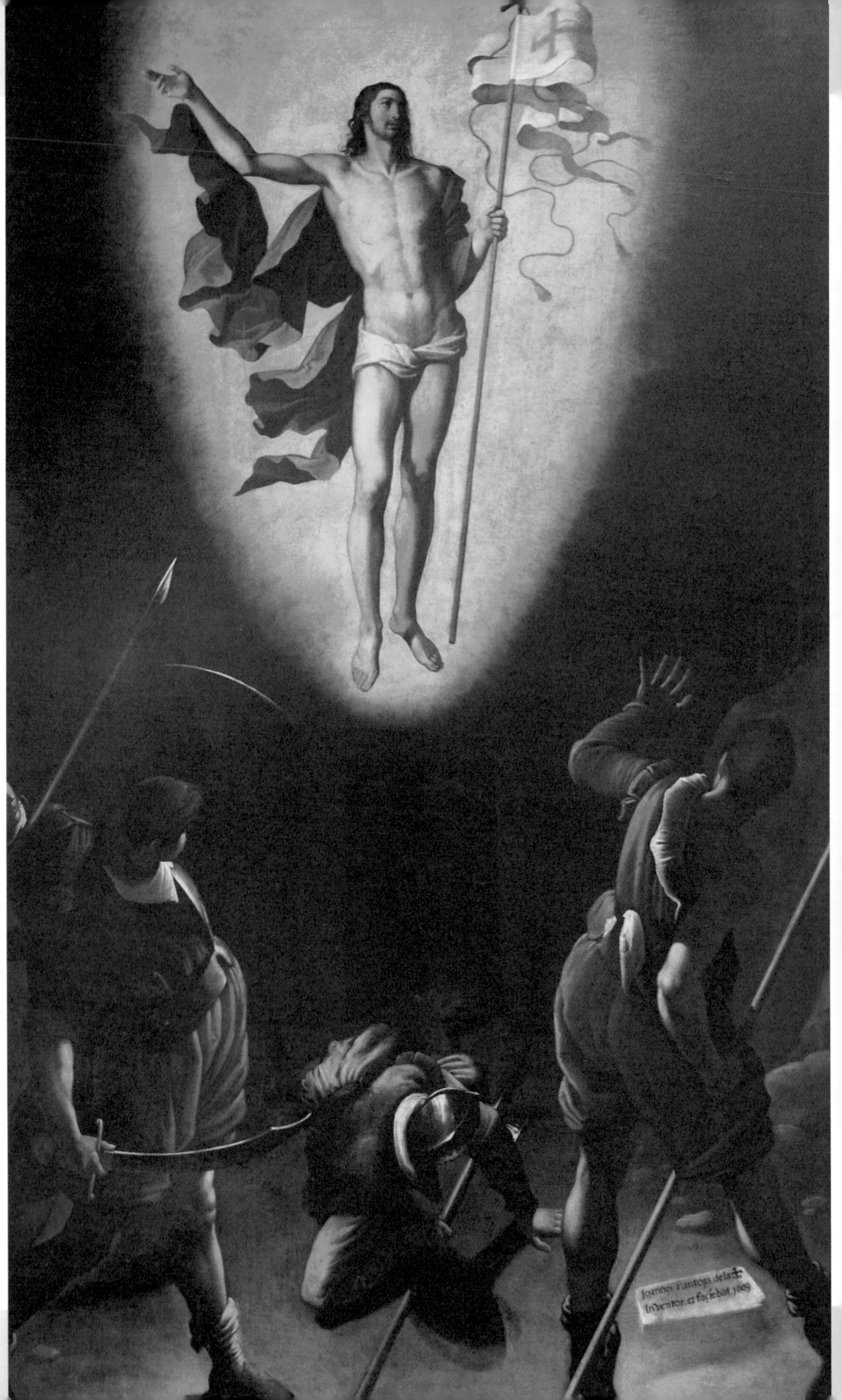

Jacopo Tintoretto (1518 - 1594),
The Resurrection

Pablo de Céspedes,
Christ's Descent into
Limbo, 1600

Juan Pantoja de la Cruz,
Resurrección de Cristo,
1606

Pieter Lastman,
The Resurrection, 1612,
Getty Center

Francesco
Solimena,
Auferstehung
Christi, 1720

Cecco del Caravaggio,
The Resurrection,
1620

Jan Janssens,
The resurrection,
1625

Johan Ludvig Gebhard
Lund (1777-1867),
Resurrection of Christ

Hendrick van den Broeck, The resurrection of Christ, 1572

參考書目

書籍

湯瑪斯・高希爾（Thomas Gahill），《永恆的山丘——耶穌前後的世界》（*Desire of the Everlasting Hills: The World before and after Jesus*），曾曉鶯譯，究竟出版社，2000

吳理恩（Leon J. Wood），《以色列史綜覽》（*A Survey of Israels History*），張宰金, 梁潔瓊譯，橄欖出版社，1977

周聯華，《中文聖經註釋——新約概論》，基督教文藝出版社，1990

唐健倫，《聖經背景：聖經時代的地理歷史及日常生活》（*Bible Background:Geography, History, and Daily Life of Bible Times*），基道出版社，2015 年

比爾・歐萊利（Bill O'Reilly）、馬丁・道格（Martin Dugard）《謀殺耶穌：關於耶穌之死的真實歷史》（*Killing Jesus: A History*），陳維真譯，台灣商務出版社，2014 年

艾文思（Craig A. Evans），《考古耶穌：解開上帝兒子身分的迷思》，李雋譯，印象文字出版社，2019

艾文思（Craig A. Evans）、賴特（N. T. Wright），《耶穌謎團：揭開耶穌最後日子的真貌》（*Jesus, the Final Days: What Really Happened*），馬榮德、李雋譯，印象文字出版社，2018

坎伯・摩根（Dr. G.Campbell Morgan），《基督生平中的關鍵時機》（*The Crises of the Christ*），方克仁（Carl Keh-Jen Fong）譯，美國活泉出版社，1988

馬可仕・伯格（Marcus J. Borg）、約翰・克羅森（John Dominic Crossan），《基督的最後七天》（*The Last Week:A Day by Day Account of Jesus's Final Week in Jerusalem*），吳妍蓉譯，橡實文化出版，2006

羅雲・威廉斯（Rowan Williams），《復活的力量》（*Resurrection:Interpreting the Easter Gospel*）徐成德譯，校園書房，2011

約翰・伯格斯瑪（John Bergsma），《耶穌與死海古卷：揭開基督宗教的猶太根源，及其如何影響初代教會與信仰》（*Jesus And The Dead Sea Scrolls*），劉卉立譯，啟示出版社，2020

雜誌

《宇宙光雜誌》480 期復活節專刊〈復活之路〉，2014 年 4 月

《宇宙光雜誌》492 期復活節專刊〈絕望、復活、盼望〉，2015 年 4 月

《宇宙光雜誌》503 期復活節專刊〈行走苦路〉，2016 年 3 月

《宇宙光雜誌》516 期復活節專刊〈十字架——復活的源頭〉，2017 年 4 月

《宇宙光雜誌》528 期復活節專刊〈從癮中復活〉，2018 年 4 月

《宇宙光雜誌》540 期復活節專刊〈耶穌復活，與我何干？〉，2019 年 4 月

《宇宙光雜誌》552 期復活節專刊〈人與物——全人復活的起點〉，2020 年 4 月

作者簡介

瞿海良

新竹人，台灣大學人類學系畢業。曾任職漢聲雜誌、
山海雜誌、綠生活雜誌等。

著有詩集《寂寞如絲》、《黑面琵鷺攝影精選集》（農
委會）、《中國信託四十週年年鑑》（中國信託）、
《大自然的賞賜──原住民的飲食世界》（文建會）
等。

《台灣福佬客》（公共電視）、《勤耕福田》（慈
濟大愛台）等紀錄片製作人與編劇。

2005 年七月五日，於台北市「基督之家」受洗。
2008 年九月一日，進入宇宙光全人關懷機構至今，
現為《宇宙光雜誌》主編。

國家圖書館出版品預行編目 (CIP) 資料

復活小百科 / 瞿海良著 . -- 初版 . -- 臺北市：啟
示出版：英屬蓋曼群島商家庭傳媒股份有限
公司城邦分公司發行, 2021.03
　面；　公分 . -- (knowledge 系列；24)
ISBN 978-986-99286-5-6 (精裝)

1. 基督教 2. 聖經研究

241.01　　　　　　　　110001833

Knowledge 系列 24

復活小百科

作　　　者｜瞿海良
總 編 輯｜彭之琬
美術編輯｜劉鎮豪、鄭美玲
執行編輯｜胡之雲、胡文君
版　　　權｜黃淑敏、邱珮芸
行銷・業務｜華華、賴晏汝
總 經 理｜彭之琬
事業群總經理｜黃淑貞
發 行 人｜何飛鵬
法律顧問｜元禾法律事務所王子文律師
出　　　版｜啟示出版
　　　　　　台北市 104 民生東路二段 141 號 9 樓
　　　　　　電話：(02) 25007008　傳真：(02)25007759
　　　　　　E-mail:bwp.service@cite.com.tw
發　　　行｜英屬蓋曼群島商家庭傳媒股份有限公司城邦分公司
　　　　　　台北市中山區民生東路二段 141 號 2 樓
　　　　　　書虫客服服務專線：02-25007718；25007719
　　　　　　服務時間：週一至週五上午 09:30-12:00；下午 13:30-17:00
　　　　　　24 小時傳真專線：02-25001990；25001991
　　　　　　劃撥帳號：19863813；戶名：書虫股份有限公司
　　　　　　讀者服務信箱：service@readingclub.com.tw
　　　　　　城邦讀書花園：www.cite.com.tw
香港發行所｜城邦（香港）出版集團有限公司
　　　　　　香港灣仔駱克道 193 號東超商業中心 1 樓　E-mail:hkcite@biznetvigator.com
　　　　　　電話：(852) 25086231　傳真：(852) 25789337
馬新發行所｜城邦（馬新）出版集團【 Cite (M) Sdn. Bhd. 】
　　　　　　41, Jalan Radin Aunm. Bandar Baru Sri Petaling,
　　　　　　57000 Kuala Lumpur, Malaysia
　　　　　　電話：(603) 90578822　傳真：(603) 90576622
印　　　刷｜韋懋實業有限公司

■ 2021 年 03 月 04 日初版　　　　　　　　Printed in Taiwan
定價 660 元

讀者回函卡

感謝您購買我們出版的書籍！請費心填寫此回函卡，我們將不定期寄上城邦集團最新的出版訊息。

姓名：＿＿＿＿＿＿＿＿＿＿＿＿＿＿＿＿＿＿＿＿＿ 性別：□男 □女

生日：西元＿＿＿＿＿＿＿年＿＿＿＿＿月＿＿＿＿＿日

地址：＿＿＿＿＿＿＿＿＿＿＿＿＿＿＿＿＿＿＿＿＿＿＿

聯絡電話：＿＿＿＿＿＿＿＿＿＿ 傳真：＿＿＿＿＿＿＿＿

E-mail：

學歷：□ 1. 小學 □ 2. 國中 □ 3. 高中 □ 4. 大學 □ 5. 研究所以上

職業：□ 1. 學生 □ 2. 軍公教 □ 3. 服務 □ 4. 金融 □ 5. 製造 □ 6. 資訊

　　　□ 7. 傳播 □ 8. 自由業 □ 9. 農漁牧 □ 10. 家管 □ 11. 退休

　　　□ 12. 其他＿＿＿＿＿＿＿＿＿＿＿＿＿＿＿＿＿＿＿＿

您從何種方式得知本書消息？

　　　□ 1. 書店 □ 2. 網路 □ 3. 報紙 □ 4. 雜誌 □ 5. 廣播 □ 6. 電視

　　　□ 7. 親友推薦 □ 8. 其他＿＿＿＿＿＿＿＿＿＿＿＿＿＿

您通常以何種方式購書？

　　　□ 1. 書店 □ 2. 網路 □ 3. 傳真訂購 □ 4. 郵局劃撥 □ 5. 其他＿＿＿

您喜歡閱讀那些類別的書籍？

　　　□ 1. 財經商業 □ 2. 自然科學 □ 3. 歷史 □ 4. 法律 □ 5. 文學

　　　□ 6. 休閒旅遊 □ 7. 小說 □ 8. 人物傳記 □ 9. 生活、勵志 □ 10. 其他

對我們的建議：＿＿＿＿＿＿＿＿＿＿＿＿＿＿＿＿＿＿＿＿

　　　　　　　＿＿＿＿＿＿＿＿＿＿＿＿＿＿＿＿＿＿＿＿＿

　　　　　　　＿＿＿＿＿＿＿＿＿＿＿＿＿＿＿＿＿＿＿＿＿

廣　告　回　函
北區郵政管理登記證
北臺字第000791號
郵資已付，免貼郵票

104　台北市民生東路二段141號2樓

英屬蓋曼群島商家庭傳媒股份有限公司城邦分公司　收

- -

請沿虛線對摺，謝謝！

書號：1MC024　　書名：復活小百科